AF332064

L'affaire Navalny

Jacques Baud

L'affaire Navalny
Le complotisme au service de la politique étrangère

Max Milo

© Max Milo, Paris, 2021
www.maxmilo.com
ISBN : 978-2-315-00992-3

Sommaire

1. Introduction

Après avoir lutté durant des années en première ligne contre la tyrannie communiste dans les pays de l'Est et en Union soviétique, j'ai le sentiment d'être revenu à la « case départ ». Je constate que nous avons acquis tous les travers contre lesquels nous luttions durant la guerre froide : nous pratiquons la torture et la censure ; nous sanctionnons sans l'approbation des Nations unies ; nous nous ingérons dans les affaires d'autres pays et soutenons matériellement et financièrement des groupes d'opposition ; notre tolérance à l'égard des violations du droit international, sont à géométrie variable. En fait, nous ne cherchons pas à promouvoir nos valeurs, mais nous les utilisons comme outil de pression au gré de nos intérêts.

Quelques heures après la chute du mur de Berlin, j'étais à Washington dans le bureau d'un conseiller du Président américain, qui n'avait pas compris la portée de l'événement et continuait à brandir la menace d'une Union soviétique en pleine quête de puissance et renforçant ses capacités militaires offensives... Dans l'année qui a suivi, les services de renseignements de l'OTAN sont restés en alerte, s'interrogeant sur le moment où l'URSS allait intervenir en Allemagne de l'Est, comme elle l'avait fait en Tchécoslovaquie. Les

Américains n'y comprenaient rien, car ils fonctionnaient sur des schémas dépassés.

Au début des années 1990, l'objectif de la mondialisation était de promouvoir le changement par la coopération[1] : dans un monde désormais interconnecté, la prospérité de l'un devait apporter la prospérité de l'autre. Mais ce système a rapidement dérivé. La mondialisation ne s'est pas vraiment traduite par une coopération, mais par une nouvelle répartition des tâches dans le monde : la richesse occidentale ne se construit plus sur la production, mais sur la finance. Le résultat est un savoir-faire qui s'est lentement déplacé vers l'Asie, dont nous dépendons de plus en plus. Depuis 2001, les États-Unis se sont sentis légitimés pour intervenir partout dans le monde avec leurs alliés occidentaux et bousculer les équilibres existants.

Il en est résulté de profonds déséquilibres, que la crise de la Covid – mais pas seulement elle – met en évidence. L'Asie, Chine en tête, se développe à grande vitesse, l'Europe a délocalisé ses entreprises sans construire un système économique alternatif qui valorise ses propres capacités industrielles, quant aux États-Unis, ils connaissent une profonde crise de l'innovation. Après avoir délocalisé la manufacture, nous délocalisons l'engineering des produits. Quant aux guerres, nous ne sous lassons pas de les commencer, mais nous sommes incapables de les terminer. Quant à la Russie, elle sort très lentement des conséquences désastreuses de soixante-dix ans de communisme, suivis de dix ans de chaos et d'accaparement par des oligarques peu scrupuleux, dont la plupart ont émigré vers la Grande-Bretagne ou Israël ; et qui sont devenus ses ennemis les plus acharnés aujourd'hui.

---

1. Erich Weede, « The Diffusion of Prosperity and Peace by Globalization », *The Independent Review*, vol. 9, n° 2, 2004, pp. 165-186 (www.jstor.org/stable/24562700), consulté le 17 février 2021.

Alors qu'il était relativement facile de mettre en évidence les failles de l'Union soviétique, celles de la Russie moderne sont plus difficiles à cerner aujourd'hui. Certes, on évoque la corruption, les entorses aux droits humains, les faiblesses de l'économie, etc., mais une analyse plus approfondie montre que la gouvernance de nos propres pays laisse également à désirer sur ces points. La corruption gangrène la vie politique en Belgique, en France ou en Grande-Bretagne ; le clientélisme a négligé, puis transformé l'immigration en un problème sécuritaire quasi insoluble en France ; les pays occidentaux ne respectent pas leurs engagements internationaux, mènent des guerres illégales et contraires au droit humanitaire international ; la Belgique a trois fois et la France deux fois plus de morts (par million d'habitants) dus à la Covid que la Russie...

À l'origine, l'affaire Navalny n'est très probablement pas un complot, ni de la Russie, ni des États-Unis, mais un événement fortuit, que certains ont cherché à exploiter de manière opportuniste dans le cadre d'une stratégie plus large. Elle s'inscrit dans une démarche générale, qui entretient des préjugés de la guerre froide et encourage la réémergence des nationalismes en Europe orientale.

Elle est révélatrice d'évolutions inquiétantes.

Premièrement, l'uniformité avec laquelle elle a été relatée dans l'ensemble des médias francophones montre que ceux-ci ne jouent plus leur rôle de « quatrième pouvoir ». Sous perfusion de l'État, ils sont devenus les relais du discours officiel et ne parviennent plus à inspirer confiance.

Deuxièmement, elle illustre une nouvelle manière d'envisager les relations internationales, où les outils diplomatiques sont délaissés au profit des pressions et des sanctions. Même les pays européens ne peuvent plus avoir une politique totalement indépendante et restent sous l'épée de Damoclès des sanctions américaines. Ainsi, les États-Unis n'hésitent pas à menacer leurs propres alliés lorsqu'ils cherchent à mettre en œuvre le traité avec l'Iran, ou terminer le projet Nord Stream 2.

Troisièmement, les politiciens et journalistes qui clament la promotion des droits de l'Homme et de l'État de droit ne sont pas sincères, et les populations concernées le savent. En Russie, leur détermination à promouvoir un changement de régime semble aller à contresens et doper l'opinion publique russe en faveur de Vladimir Poutine. Sous d'autres cieux, cette même volonté n'a conduit qu'au terrorisme et à la destruction de sociétés entières...

Le problème n'est pas l'objectif de promotion des droits de l'Homme ou de l'État de droit, bien au contraire, mais la méthode. Pour la Russie (et d'autres), nos accusations sont systématiquement fondées sur des suspicions que nous avons converties en « faits » à force de les répéter et de nous en persuader. Même durant la guerre froide, même si elles étaient loin d'être cordiales, les relations entre adversaires étaient empreintes de certaines valeurs. Aujourd'hui, nos politiciens n'en n'ont plus aucune : corrompus, parjures et dépassés par les questions complexes qu'ils devraient résoudre, ils se réfugient dans la dénonciation des autres...

2. Le complotisme occidental

Tout d'abord, il faut comprendre ce qu'est le « complotisme » (ou « conspirationnisme »). Autrefois, étaient complotistes, ceux qui préparaient des complots. Aujourd'hui, le terme désigne ceux qui voient partout des complots, planifiés et mis en œuvre secrètement par des dirigeants et leurs services secrets, dans un but obscur ; leur lecture étant vue comme exclusive. Le complotisme découle le plus souvent d'une vision lacunaire des événements, soit parce que l'information n'existe pas, soit parce qu'elle est délibérément cachée (ou classifiée), soit parce qu'on ne la cherche pas. Ces « trous » dans l'information permettent à nos préjugés de s'installer et ouvrent la porte au complotisme.

Les pays qualifiés d'« autoritaires » stimulent notre imaginaire. On leur attribue volontiers des complots ourdis par leurs services secrets – sous la conduite occulte de leurs dirigeants – pour éliminer les individus qui ne leur plaisent pas.

Ainsi, on continue à suggérer que l'assassinat de la journaliste Anna Politkovskaya, en 2006, est le fait du Kremlin, alors que les auteurs étaient des membres de la mafia tchétchène[2]. Les

---

2. Alla Eshchenko, « Russian journalist's killing: 2 sentenced to life in prison », *CNN*, 9 juin 2014.

« commanditaires » présumés n'ont pas été trouvés[3], mais on continue à accuser le gouvernement russe au simple motif que la journaliste le critiquait. Deux ans plus tard, *France 24* clame que Karinna Moskalenko, avocate de la journaliste et de l'oligarque Mikhaïl Khodorkovski, a été empoisonnée au mercure, suggérant une tentative d'intimidation[4]. Mais quelques jours plus tard, les enquêteurs français constatent que le mercure provient d'un thermomètre brisé accidentellement dans sa voiture, avant qu'elle ne l'achète[5]. Donc rien...

Plus récemment, les accusations occidentales se sont concentrées sur la Corée du Nord, où les opposants n'en finissent pas d'être éliminés... avant de ressusciter !... Un autre exemple du complotisme occidental.

En août 2013, les médias francophones et anglo-saxons répercutent la propagande de l'extrême-droite sud-coréenne et annoncent que le dirigeant nord-coréen Kim Jong-Un aurait fait fusiller sa petite amie Hyon Song-wol[6]... Mais elle réapparaît en mai 2014 à la télévision ! En juin 2019, le journal britannique *The*

---

3. Tanya Lokshina, « Why Anna Politkovskaya Still Inspires », *CNN/Human Rights Watch*, 7 octobre 2016.

4. « L'avocate d'opposants russes "empoisonnée" », *France 24*, 15 octobre 2008.

5. « Russian lawyer "was not poisoned" », *BBC News*, 24 octobre 2008 ; « French investigation reveals no attempt was made to poison Russia's preeminent human rights lawyer », *Bellona*, 24 octobre 2008.

6. « Kim Jong-un aurait fait fusiller son ex-compagne », *lepoint.fr*, 29 aout 2013 (mis à jour le 30 août 2013) ; « Corée du Nord : Kim Jong-un aurait fait exécuter son ex-petite amie », *BFM TV*, 30 août 2013 ; « Corée du Nord : une ex de Kim Jong-un fusillée à cause d'une *sextape* », *Atlantico*, 29 août 2013 ; Anne-Elisabeth Celton, « Kim Jong-un aurait fait fusiller son ex pour une *sextape* », *La Tribune de Genève*, 29 août 2013 ; Julian Ryall, « Kim Jong-un's ex-lover "executed by firing squad" », *The Telegraph*, 29 août 2013 ; Kate Seamons, « Report: Kim Jong-un's ex-girlfriend executed », *USA Today*, 29 août 2013 ; « Death by firing squad for Kim Jong-un's ex », *CNBC*, 29 août 2013 (mis à jour le 3 septembre 2013).

Mirror[7] constatera que les rapports sur sa disparition avaient été « *beaucoup exagérés* »... En effet !

En mai 2015, nos médias annoncent que Kim Jong-un aurait fait empoisonner sa tante Kim Kyong-hui parce qu'elle se serait opposée à la construction d'un « acquaparc »[8] ! Pourtant, en janvier 2020, elle réapparaît en public aux côtés de Kim Jong-un, et la *BBC* évoque même qu'elle aurait un nouveau rôle au sein du régime[9]. Le général Hyon Yong-chol, chef des Forces armées, aurait été éliminé au moyen d'un canon antiaérien dans le cadre d'« *exécutions en série* »[10] ... mais les « disparus » réapparaissent le lendemain et on apprend que le général aurait simplement été limogé ![11]

En février 2016, les médias occidentaux annoncent l'élimination du général Ri Yong-gil, chef d'état-major de l'Armée populaire[12] : il réapparait quelques mois plus tard, au congrès du parti communiste... avec une promotion ![13] Le 31 mai 2019, les médias occidentaux – comme le *New York Times*, l'agence *Reuters* et d'autres – annoncent que Kim Jong-un « *aurait fait exécuter des*

---

7. Andrew Gilpin, « Kim Jong-un's pop star ex seen despite reports she was executed for making a sextape », *mirror.co.uk*, 10 juin 2019.

8. J.S., « Corée du Nord : Kim Jong-un aurait fait empoisonner sa tante », *BFM TV*, 12 mai 2015 ; Ryad Ouslimani, « Kim Jong-un aurait fait empoisonner sa tante », *RTL.fr*, 12 mai 2015 (mis à jour le 13 mai 2015).

9. Mélanie Rostagnat, « Une tante de Kim Jong-un réapparaît en public, six ans après des rumeurs d'assassinat », *BFM TV*, 27 janvier 2020 ; Reuters, « North Korean leader Kim Jong-un's aunt reappears after six years », *BBC News*, 26 janvier 2020.

10. « Corée du Nord : les exécutions en série de Kim Jong-un », *Le Point.fr*, 13 mai 2015.

11. « South Koreans row back over North Korea anti-aircraft gun execution claim », *The Guardian*, 14 mai 2015.

12. « North Korea 'executes' army chief of staff Ri Yong-gil », *BBC News*, 10 février 2016 ; AFP, « Corée du Nord : le chef d'état-major exécuté », *CNews*, 10 février 2016 ; AFP, « Le chef d'état-major de l'armée nord-coréenne aurait été exécuté », *lapresse.ca*, 10 février 2016.

13. « Un général «exécuté» finalement bien en vie », *La Tribune de Genève*, 10 mai 2016 ; Laura Bicker, « North Korea execution reports - why we should be cautious », *BBC News*, 31 mai 2019

collaborateurs » pour « se venger »[14]. Parmi eux, Kim Hyok-chol, qui avait été l'un des négociateurs lors du sommet avec le président Trump ; or, le même jour, il est vu en public alors qu'il assiste à un spectacle réalisé par son épouse.[15]

Même scénario avec la Chine, devenue la cible des États-Unis avec le rebond de son économie après la crise de la Covid : la disparition « *mystérieuse* »[16] de Jack Ma, fondateur et directeur du site de vente en ligne Alibaba, déclenche les fantasmes des complotistes, qui évoquent une « *purge* »[17] alors que la veille, *Fox Business* affirmait qu'il n'avait pas disparu[18]. Il réapparait dans les médias en janvier 2021.

Bref, on n'en sait rien et on invente... Pour chacune de ces « disparitions », nos médias et autres « experts » ont élaboré des explications et ainsi donné une logique à des événements qui n'ont simplement jamais eu lieu. C'est exactement la définition du complotisme : en croyant voir des complots partout (en particulier là où il n'y en a pas), on relie des faits (parfois réels) pour leur donner une apparence de cohérence. C'est le mécanisme utilisé pour créer des explications alternatives des attentats du 11-Septembre, l'inci-

---

14. « North Korea 'executed' officials after failed Trump summit: report », *France 24*, 31 mai 2019 ; Choe Sang-Hun, Edward Wong, « North Korean Negotiator's Downfall Was Sealed When Trump-Kim Summit Collapsed », *The New York Times*, 31 mai 2019 ; Hyon-hee Shin, Joyce Lee, « North Korea executes envoy to failed U.S. summit -media; White House monitoring », *Reuters*, 31 mai 2019.
15. Kim Tong-hyung, « Top North Korean official reappears days after purge report », *AP News*, 3 juin 2019.
16. Julie Zaugg, « La mystérieuse disparition du patron d'Alibaba Jack Ma », *Le Temps*, 5 janvier 2021 ; « La mystérieuse disparition du milliardaire chinois Jack Ma, fondateur d'Alibaba », *L'Obs*, 5 janvier 2021 ; « Chine : comment expliquer la " disparition" de Jack Ma, fondateur d'Alibaba ? », *RFI.fr*, 6 janvier 2021.
17. Marie Gingault, « Disparition de Jack Ma : il s'agit "probablement d'une purge", selon Lenglet », *RTL.fr*, 6 janvier 2021.
18. Susan Li, Evie Fordham, « Chinese billionaire Jack Ma's not "missing", just "laying low" after economic reform speech: sources », *Foc Business*, 5 janvier 2021.

dent de Roswell en 1949, ou la présence d'extraterrestres dans la
« *Zone 51* », dans le Nevada.

Journalistes et chercheurs ne contribuent pas à ramener la
rationalité et la mesure dans le débat : Pascal Boniface, directeur
de l'*Institut de relations internationales et stratégiques* (IRIS), sait
mieux que le directeur de la CIA[19] ce qui a provoqué l'intervention
soviétique en Afghanistan[20] ; Renaud Girard, journaliste du *Figaro*,
a les « *preuves* » que des agents russes sont à l'origine de l'explo-
sion de Vrbětice en 2014[21], alors que le président de la République
tchèque, Miloš Zeman, affirme ne pas en avoir[22] ; Antoine Hasday,
pigiste de *Conspiracy Watch*, sait mieux que le président Barak
Obama pourquoi il n'est pas intervenu après l'incident chimique
de la Ghouta en août 2013[23] et « sait » que Navalny a été empoisonné
par des agents russes[24], alors que le gouvernement allemand ne l'a
jamais affirmé, comme nous le verrons.

On peut concevoir que les médias cherchent à maintenir une
audience en privilégiant le sensationnalisme à l'exactitude. Le
vrai problème est lorsque les chercheurs et nos gouvernements
commencent à adapter la réalité à leurs préjugés. Car au-delà du
phénomène médiatique et de l'éthique journalistique, cette forme
de « complotisme » semble être devenue un fondement de nos poli-

19. Robert M. Gates, *From the Shadows: The Ultimate Insider's Story of Five Presidents
and How They Won the Cold War*, Simon and Schuster, 2011, p. 132.
20. Pascal Boniface, « J'ai lu... «*Gouverner par les Fake News*» de Jacques Baud », *You-
Tube*, 10 septembre 2020 (02'43"). (https://www.iris-france.org/149420-jai-lu-gouvern-
er-par-les-fake-news-de-jacques-baud/)
21. Renaud Girard, « Le premier revers stratégique de Poutine », *Figaro Vox*, 19 avril 2021.
22. Petr Musil, « Zeman: Nemůžeme nechat cizí agenty páchat u nás terorismus. BIS ale
zatím nemá důkazy », *CNN/Prima News*, 25 avril 2021.
23. Jeffrey Goldberg, « The Obama Doctrine », *The Atlantic*, avril 2016.
24. Antoine Hasday, « Sur RT France, Jacques Baud coche toutes les cases du conspirationnisme géopolitique », *Conspiracy Watch*, 7 septembre 2020.

tiques étrangères, qui se résument de plus en plus à l'application de sanctions aux effets désastreux.

Les *fact-checkers* eux-mêmes ne sont pas impartiaux. Leur rôle semble se limiter à mettre en évidence et soutenir les « bons complotismes » (comme ceux qui attribuent des complots aux gouvernements russes, chinois, iraniens, etc.) et à fustiger les « mauvais complotismes » (qui mettent en doute les précédents). Mais ceci s'explique : certains sont simplement au service de gouvernements étrangers, comme nous le verrons !

Paradoxalement, afin de rester objectif dans cette affaire, nous baserons nos analyses uniquement sur l'information fournie par des services officiels, les médias occidentaux (y compris ceux qui sont financés par les gouvernements occidentaux et à leur service), les médias liés à l'opposition russe et ceux qui sont considérés comme « *agents étrangers* » *par les autorités russes*. Nous ne prendrons pas en considération les médias officiels russes ou financés par l'État russe.

3. Qui est Alexeï Navalny ?

Les médias occidentaux le présentent comme le « *chef de file* »[25] ou « *leader* »[26] de l'opposition. Pourtant, comme le reconnaît un article de la rubrique « *Checknews* » du journal *Libération*[27], il est simplement l'opposant le plus visible. Il fait partie de l'opposition dite « hors-système », composée de petits groupes souvent situés aux extrêmes de l'échiquier politique et trop petits pour parvenir à former des partis.

Navalny a commencé sa carrière d'homme d'affaires dans les années 2000. Conformément à une pratique courante dans la Russie de Boris Eltsine des années 1990-2000, il achète des entreprises, afin d'en privatiser les profits (une pratique illégale à l'origine du combat mené par Vladimir Poutine contre certains oligarques, qui finiront par se réfugier en Grande-Bretagne ou en Israël). Dans

25. Emmanuel Grynszpan, « L'opposant russe Alexeï Navalny entre la vie et la mort », *Le Temps*, 20 août 2020.
26. Piotr Smolar, Benoît Vitkine, « La France prête à accueillir Alexeï Navalny, leader de l'opposition russe hospitalisé dans un état grave », *Le Monde*, 20 août 2020 (mis à jour le 21 août 2020).
27. Manuel Alaver, Xavier Condamine, « Pourquoi Alexeï Navalny est-il présenté comme le principal opposant de Vladimir Poutine ? », *Libération*, 18 septembre 2020.

une première affaire (*Kirovles*), Navalny a été condamné à cinq ans prison avec sursis[28].

Mais l'affaire la plus médiatique est celle qui concerne la maison de cosmétiques Yves Rocher. C'est un dossier relativement complexe, avec un enchevêtrement d'entreprises et de comptes en partie *off-shore*, qui dépasse le sujet de cet ouvrage. La meilleure description de cette affaire se trouve dans le communiqué de la firme Yves Rocher[29] ainsi que sur Wikipédia[30] (en russe !). En résumé, il s'agit d'un cas d'enrichissement personnel par abus d'une position officielle, opposant l'État russe à Oleg Navalny, le frère d'Alexeï. En 2008, Oleg est cadre au centre de tri automatisé de la Poste russe, à Podolsk. Afin de faciliter l'acheminement des produits d'Yves Rocher vers le centre de tri, il pousse la firme française à recourir aux services d'une entreprise privée de logistique, *Glavpodpiska* (GPA). Problème : GPA appartient à la famille Navalny. Il y a donc clairement un conflit d'intérêt entre la position d'Oleg Navalny et GPA, ce qui donne lieu à une enquête pour enrichissement illégal et abus d'une fonction officielle. À cette affaire, qui s'apparente à de la corruption, s'ajoutent des accusations de surfacturation. Il est important ici de noter que c'est Oleg Navalny, qui est le principal accusé, alors qu'Alexeï Navalny n'est « que » complice. C'est la raison pour laquelle Oleg est condamné à trois ans et demi de prison ferme et Alexeï à trois ans et demi avec sursis[31]. C'est ce sursis qui, d'appel en appel, est repoussé – lui interdisant de quitter le territoire russe – avant d'être être appliqué en 2021. Nous y reviendrons.

---

28. « Russian Activist Navalny Given 5-Year Suspended Sentence in Kirovles Retrial », *The Moscow Times*, 8 février 2017.
29. newsroom.yves-rocher.com/fr/alexei_navalny_03_fevrier_2021.html
30. ru.wikipedia.org/wiki/Навальный,_Алексей_Анатольевич
31. Maria Tsvetkova, « Kremlin critic Navalny given suspended sentence, brother jailed », *Reuters*, 30 décembre 2014.

En 2019, *Le Monde* suggère que les autorités russes ont fait pression sur la maison Yves Rocher pour qu'elle dépose plainte. Le quotidien cite l'économiste Serguéï Guriev, proche de Navalny :

> *Je ne sais pas précisément quels moyens de pression les enquê-teurs ont utilisés, mais il était important pour eux qu'une société étrangère soit impliquée. Cela donnait au dossier une apparence de solidité.*[32]

Le 4 février, *la « Matinale »* de la radio suisse romande affirme que « *les autorités russes, qui enquêtaient déjà sur les frères Navalny, auraient fait pression en 2012 sur Yves Rocher pour qu'elle dépose une plainte contre eux* ». *Une affaire qui* – selon le journaliste – illustre « *comment il est difficile d'être un acteur économique vraiment libre en Russie* »[33]. Ce sont des mensonges : le 3 février, la maison Yves Rocher, lasse de ces accusations fallacieuses, a déjà publié un communiqué, où elle déclare :

> *La société Yves Rocher Vostok n'a jamais porté plainte contre les frères Navalny, ni n'a formulé une quelconque demande en justice à leur encontre, et ce à aucun moment.*[34]

Oleg et Alexeï Navalny ont porté ce jugement devant la *Cour euro-péenne des droits de l'Homme* (CEDH), en arguant qu'il était politi-quement motivé. Contrairement à ce qu'affirment certains médias occidentaux[35], la CEDH n'a pas invalidé ce jugement, car elle n'a

---

32. Benoît Vitkine, « Procès Navalny : Yves Rocher, une plainte au service du pouvoir », *Le Monde*, 29 décembre 2014 (mis à jour le 19 août 2019).

33. Frédéric Mamaïs, « Alter Eco (vidéo) – Yves Rocher et Navalny, une histoire de Sisyphe », *RTS*, 4 février 2021 (https://rts.ch/play/tv/redirect/detail/11948871?startTime=29).

34. newsroom.yves-rocher.com/fr/alexei_navalny_03_fevrier_2021.html

35. Belga, « L'Europe réclame la libération immédiate de Navalny et n'exclut pas des sanctions », *RTBF.be*, 18 janvier 2021.

3. Qui est Alexeï Navalny ?

pas jugé le fond de l'affaire, mais sa forme (comme, par exemple, la question du boycott des produits israéliens[36]). Le 17 octobre 2017, la CEDH a rendu son verdict en donnant partiellement raison aux deux frères sur certains points de droit et a conclu que la justice russe devait leur payer une compensation. En revanche, elle a rejeté l'allégation selon laquelle leur condamnation était politiquement motivée (alinéa 89)[37].

En 2018, il n'est pas autorisé à se présenter à l'élection présidentielle. *RFI* suggère que les raisons sont politiques[38]. C'est doublement faux : d'une part, sa condamnation avec sursis l'empêche de présenter sa candidature, comme cela se pratique dans d'autres pays ; d'autre part, sa condamnation n'était pas politiquement motivée comme nous l'avons vu.

Ainsi, et sans surprise, nos commentateurs, éditorialistes et autres « experts » affabulent.

Au plan politique, le parcours d'Alexeï Navalny est plus celui d'un militant que d'un politicien. Au début des années 2000, conseiller de Nikita Belykh, gouverneur de Kirov, il n'est qu'un illustre inconnu et son activité militante n'a encore aucune visibilité nationale ou internationale qui puisse justifier un harcèlement du gouvernement russe. En 2005, il est cofondateur du mouvement *Alternative démocratique.* En juin 2007, il est cofondateur du groupe nationaliste *Narod* (« Peuple »), au succès mitigé, qui fusionne, en juin 2008, avec deux autres mouvements nationalistes russes : le *Mouvement contre l'immigration illégale* (MAII) (dont le logo n'est

---

36. Jean-Baptiste Jacquin, « Le ministère de la Justice entretient l'ambiguïté sur les appels au boycottage de produits israéliens », *Le Monde*, 30 décembre 2020.
37. CEDH, *Case of Navalnyye V. Russia (Application n° 101/15), Judgment*, Strasbourg, 17 octobre 2017 (Final 5 mars 2018) (hudoc.echr.coe.int/eng?i=001-177665)
38. « Russie : Alexeï Navalny interdit de candidature à la présidentielle 2018 », *rfi.fr*, 25 décembre 2017.

pas sans rappeler les années 1930[39]) et *Grande Russie*, pour former une nouvelle coalition : le *Mouvement national russe*.

En 2010, sur la recommandation de Garry Kasparov, Navalny est invité aux États-Unis à participer au *Yale World Fellows Program*. Il s'agit d'un programme de formation de quinze semaines, non diplômant, offert par l'université de Yale à des étrangers, identifiés par certaines élites américaines comme de « futurs leaders » dans leurs pays respectifs.

De retour en Russie, Navalny milite pour les droits des petits actionnaires dans les grandes entreprises et dénonce les abus dans les pratiques de ces dernières. Son *Fonds de lutte contre la corruption* (FBK) lui attire des sympathies, mais aussi beaucoup de méfiance et d'antipathies. On s'en sert pour le présenter comme un démocrate, mais c'est loin d'être le cas. En 2016, le Ministère public de la Confédération suisse a abandonné une plainte qu'il a déposée abusivement contre Artiom Tchaïka, fils du procureur général de Russie[40]. En 2017, le milliardaire russe Alicher Ousmanov, dépose plainte contre Navalny pour diffamation et gagne son procès[41]. En 2018, Navalny perd un procès en diffamation contre l'homme d'affaire Mikhaïl Prokhorov[42].

Quant à ses idées, l'image n'est guère plus reluisante. En 2007, il est expulsé du parti du centre droit Iabloko, en raison de sa participation régulière à la « *Marche russe* », un mouvement ultra-

---

39. Article « Mouvement contre l'immigration illégale », *Wikipédia*.
40. Iouri Tchaïka, procureur général de Russie sera relevé de ses fonctions par Vladimir Poutine, pour soupçons de corruption.
41. « Russian tycoon Usmanov sues Navalny for libel », *BBC News*, 13 avril 2017 ; Associated Press, « Russian opposition leader Navalny loses defamation case », *Taiwan News*, 31 mai 2017.
42. « Russian Court Orders Navalny To Retract Bribery Allegation Against Tycoon Prokhorov », *RFE/RL*, 26 juin 2018.

nationaliste, et de ses « *activités nationalistes* » à tendance raciste[43]. À cette époque, dans une vidéo pour la libéralisation des armes de poing, devenue célèbre, il mime le fait d'abattre des migrants tchétchènes en Russie[44]. En octobre 2013, il soutient[45] et attise[46], les émeutes de Biryulyovo, en fustigeant les « *hordes d'immigrants légaux et illégaux* ». En 2017, le média américain *Salon*, proche du parti démocrate, affirme que « *s'il était américain, les libéraux détesteraient Navalny bien plus qu'ils ne détestent Trump ou Steve Bannon* »[47]. En 2017, le média américain *Jacobin*, proche de l'aile gauche du parti démocrate, le qualifie même de « *Trump russe* »[48]. En fait, comme le constatait l'*American Foreign Policy Magazine* de l'université américaine de Princeton en décembre 2018, il a émergé grâce à des groupes d'extrême-droite, et ses idées l'apparentent davantage à ce que l'on qualifie de « *populiste* » en Occident[49]. Nous recommandons au lecteur de regarder l'interview de deux militants « anti-Poutine » de gauche, réalisée par le média américain *The Grayzone*, qui illustre le caractère partisan (et très peu démocratique) dont nos médias le représentent[50].

---

43. Robert Coalson, « Is Aleksei Navalny a Liberal or a Nationalist? », *The Atlantic*, 29 juillet 2013.

44. Vidéo « НАРОД (За легализацию оружия » (« Narod pour la légalisation des armes à feu »), *Alexey Navalny/YouTube*, 19 septembre 2007 (youtube.com/watch?v=oVN-JiO10SWw).

45. Sean Guillory, « How Russian Nationalism Fuels Race Riots », *The Nation*, 1ᵉʳ novembre 2013.

46. Simon Shuster, « Russia Responds to Anti-Migrant Riots by Arresting Migrants », *Time Magazine*, 14 octobre 2013.

47. Danielle Ryan, « Dictator vs. democrat? Not quite: Russian opposition leader Alexey Navalny is no progressive hero », *Salon*, 2 avril 2017.

48. Per Leander, Alexey Sakhnin, « Russia's Trump », *jacobinmag.com*, 11 juillet 2017.

49. Misha Tseitlin, « End Capital Punishment: The Short-sightedness of Magnitsky Act Sanctions on Kadyrov », *American Foreign Policy Magazine*, 22 décembre 2018.

50. Aaron Maté, « For Russian leftists, Western favorite Navalny represents same corrupt elitism », *The Grayzone/YouTube.com*, 10 février 2021.

Sur *France 5*, le correspondant du Monde à Moscou explique qu'il s'agit « *du premier Navalny* »[51], suggérant qu'il y en aurait un second – différent – aujourd'hui. Même chose dans l'émission « *Géopolitis* » de la *Radio-Télévision Suisse* (RTS), du 21 février 2021, consacrée à Navalny : l'intervenante affirme que « *de ses débuts ultranationalistes et ses déclarations anti-migrants, chez Navalny il ne reste pratiquement rien* »[52]. C'est faux : en avril 2017, il confie à un journaliste du *Guardian* qu'il n'a pas changé d'opinion[53]. En octobre 2020, il répète la même chose au magazine allemand *Der Spiegel*[54] :

> Guardian : *Un parti vous a expulsé en raison de votre participation à une marche nationaliste russe à Moscou. Vos opinions ont-t-elles changé ?*
> Navalny : *J'ai les mêmes opinions que lorsque je suis entré en politique.*

Afin de drainer les votes des extrêmes à droite et à gauche – pas assez nombreux séparément pour présenter des candidats aux élections –, Navalny a appliqué le concept de *smart voting* (le « *vote intelligent* »). Le parlementaire européen Bernard Guetta lui en attribue l'invention[55]. Mais Navalny n'a rien « inventé », il s'est inspiré du *strategic voting* ou *tactical voting* américain. Alors qu'en France le « *vote utile* » consiste à donner sa voix au candidat qui se

---

51. Benoît Vitkine, dans l'émission « « C dans l'air » du 28 janvier 2021, (« Poutine/Navalny : espion, poison et corruption », *France 5/YouTube*, 29 janvier 2021) (58'10").
52. « Poutine-Navalny, le duel », *Géopolitis/RTS.ch*, 21 février 2021 (04'15") (rts.ch/play/tv/geopolitis/video/poutine-navalny-le-duel?urn=urn:rts:video:11987915)
53. Shaun Walker, « Alexei Navalny on Putin's Russia: "All autocratic regimes come to an end" », *The Guardian*, 29 avril 2017.
54. Benjamin Bidder, Christian Esch, « "I Assert that Putin Was Behind the Crime" », *spiegel.de*, 1er octobre 2020.
55. Bernard Guetta dans l'émission « C à vous », du 3 février 2021, *France 5/YouTube*, 3 février 2021) (13'30").

rapproche le plus de ses opinions, le principe du « *smart voting* » de Navalny est de donner sa voix à n'importe qui, *sauf* à un membre de *Russie unie* (le parti de Vladimir Poutine). Il fonctionne donc sur une logique différente : il n'est pas basé sur une *préférence*, mais sur une *détestation*... Tout un symbole !

L'avantage de ce procédé est qu'il permet de rassembler les votes des extrémistes. C'est ce qui explique le « succès » de Navalny aux municipales de Moscou en 2013, où « il » obtient 27 %[56] des voix. Mais c'est un succès en trompe-l'œil : il n'exprime pas une *préférence* pour Navalny, mais un *rejet* du maire de Moscou alors en exercice. L'inconvénient est que les sympathisants de Navalny constituent un assemblage très disparate, souvent contre nature, où les rivalités internes sont très fortes.

Mais cela montre également que ses sympathisants ne se rassemblent pas autour d'un projet *pour* la Russie, mais autour d'une détermination *contre* le « pouvoir », illustrant la démarche occidentale : il ne s'agit pas de promouvoir une amélioration pour la Russie, mais au contraire, son affaiblissement.

En réalité, la popularité de Navalny est très faible. Un sondage effectué entre le 20 et le 26 août 2020 (juste après son « empoisonnement ») par le *Centre Levada*[57] (financé par les Américains et considéré en Russie comme « *agent étranger* »[58], donc pas vraiment « *inféodé au régime* ») montre la différence de popularité entre Vladimir Poutine et Alexeï Navalny (voir Tableau 1).

---

56. Will Englund, « Kremlin critic Alexei Navalny has strong showing in Moscow mayoral race, despite loss », *The Washington Post*, 9 septembre 2013.
57. « Доверие политикам и президентское голосование » (« La confiance dans les hommes politiques et intentions de vote présidentiel »), *levada.ru*, 3 septembre 2020.
58. « Russia's Levada Centre polling group named foreign agent », *BBC News*, 5 septembre 2016.

	avr. 2014	jan. 2016	avr. 2017	jan. 2018	mars 2019	juill. 2019	déc. 2019	août 2020	nov. 2020
Vladimir Poutine	60	66	62	70	55	54	53	56	55
Vladimir Jirinovski	5	3	4	5	6	4	6	5	9
Guennadi Zyuganov	5	5	3	1	2	1	3	2	2
Alexeï Navalny	< 1	1	1	< 1	1	1	2	2	2
Mikhaïl Michoustine	-	-	-	-	-	-	-	2	1
Pavel Groudinine	-	-	-	6	5	4	4	2	1
Sergueï Choïgou	1	2	1	< 1	1	1	1	1	1
Nikolaï Platoshkin	-	-	-	-	-	-	-	1	1
Autre	3	2	3	2	4	2	3	3	4
Je ne sais pas	26	21	25	15	25	31	27	27	23

Tableau 1 – Intentions de vote en novembre 2020 (parmi les électeurs qui prévoyaient de voter). Les chiffres d'août 2020 viennent d'un sondage effectué dans la semaine du 20 au 26 août 2020, soit après la « tentative d'empoisonnement » de Navalny. [Source : « Президентские электоральные рейтинги и уровень доверия политикам » (« Intentions de vote à l'élection présidentielle et niveau de confiance dans les politiciens »), levada.ru, 10 décembre 2020.]

4. L'affaire

4.1. L'empoisonnement

Le jeudi 20 août 2020, lors de son vol entre Tomsk et Moscou, l'opposant Alexeï Navalny est pris de violentes douleurs. Le vol est détourné sur Omsk afin qu'il puisse être hospitalisé d'urgence.

À ce stade, aucune analyse n'a encore été effectuée et personne ne connaît la nature exacte du mal qui affecte Navalny, mais sa porte-parole affirme qu'il a été empoisonné de manière délibérée[59]. Les rumeurs qui circulent sur les réseaux sociaux et évoquent une consommation d'alcool combinée avec des médicaments sont d'emblée qualifiées de « *diffamatoires* » par nos médias[60]. On leur préfère

---

59. twitter.com/Kira_Yarmysh/status/1296293654462685185
60. Emmanuel Grynszpan, « L'opposant russe Alexeï Navalny entre la vie et la mort », *Le Temps*, 20 août 2020.

déjà, sans aucune preuve à l'appui, une version plus romanesque : un empoisonnement au Novitchok sur les ordres de Poutine[61].

En admettant qu'il y a eu un empoisonnement délibéré (donc criminel), son déroulement reste encore un mystère neuf mois plus tard, et les explications ont varié. Dans une première version, son entourage affirme qu'il a été empoisonné[62] en buvant du thé[63] à l'aéroport de Tomsk[64]. Problème : on constate que le thé lui a été apporté par Ilya Pakhomov, un de ses collaborateurs[65]. Plus tard, une autre vidéo montrera une serveuse déposant des gobelets sur la table[66], donc on n'en sait rien.

Son entourage évoque alors une deuxième version : un empoisonnement au moyen des bouteilles d'eau à l'hôtel[67], que l'équipe de Navalny (restée à Tomsk) récupère le 20 août[68]. Le média britannique *The Sun* publie la vidéo de l'opération, en prenant soin d'effacer les appels de la femme de chambre à ne rien toucher avant l'arrivée de la police, afin de cacher que la scène de crime présumée a été altérée[69]. Dès lors, l'intégrité de la chaîne de traçabilité n'est plus assurée ; ce que les partisans de la théorie du complot ne mention-

61. Normand Lester, « Alexeï Navalny empoisonné sur ordres de Poutine ? », *Le Journal de Montréal*, 20 août 2020 ; Emmanuel Grynszpan, « L'opposant russe Alexeï Navalny entre la vie et la mort », *Le Temps*, 20 août 2020 ; Alain Barluet, « Russie : l'opposant Alexeï Navalny, cible d'un possible empoisonnement », *Le Figaro*, 20 août 2020 ; Magalie Letissier, « Russie. Empoisonnés, tués par balles… La longue liste d'opposants réduits au silence », *Ouest-France*, 20 août 2020.
62. « Aucun poison dans l'organisme de Navalny », *Tribune de Genève*, 21 août 2020.
63. twitter.com/Kira_Yarmysh/status/1296296624831029258
64. Joël Chatreau, « Alexeï Navalny, "bête noire" du président russe Poutine, a été "empoisonné" selon son entourage », *euronews.fr*, 20 août 2020.
65. youtu.be/CV1aYLenCMk
66. youtu.be/SIoUF7vfIiY
67. Sebastian Shukla, Vasco Cotovio, Mary Ilyushina, « Novichok found on water bottle suggests Russia's Navalny poisoned before he went to airport, aides say », *CNN*, 17 septembre 2020.
68. www.instagram.com/p/CFOnffrHZ0d/
69. youtu.be/46haO3h_TVI

neront évidemment pas. L'entourage de Navalny prétendra avoir apporté les bouteilles en Allemagne pour analyse. Mais les scans des bagages de l'équipe Navalny à l'embarquement, publiées par le média russe privé REN TV[70], confirment qu'il n'y avait pas de bouteilles (qui auraient de toute façon été confisquées), tandis que les caméras de surveillance montrent une proche de Navalny en train d'acheter de l'eau dans un distributeur automatique *après* le contrôle des bagages[71]. En septembre 2020, un des collaborateurs de Navalny confesse lui-même que la bouteille d'eau n'est pas la cause de l'empoisonnement[72] ! De toute façon, selon la *BBC*, Navalny n'aurait rien ingurgité d'autre que son thé à l'aéroport ce matin-là[73]. Bref, on n'en sait rien !...

Volontairement ou non, mais clairement, les partisans de Navalny ont contribué à l'opacité de l'affaire. On pourrait notamment s'étonner du fait que ces bouteilles n'aient été transmises ni aux médecins russes qui soignaient Navalny à Omsk, ni aux médecins allemands, afin de faciliter – théoriquement – son traitement... Avec des partisans comme ça, Navalny n'a pas besoin de Poutine !

L'entourage de Navalny avance alors une troisième version : l'empoisonnement des slips de Navalny[74], « révélé » lors une conversation téléphonique avec ce qui nous est présenté comme un « *agent*

---

70. REN TV appartient à 30 % au groupe RTL.
71. « МВД показало, как помощница Навального купила бутылку в аэропорту » (« Le ministère de l'Intérieur a montré comment l'assistant de Navalny a acheté une bouteille à l'aéroport »), *ren.tv*, 8 octobre 2020.
72. « Nawalnys Team zur Vergiftung : „Die Flasche war wohl nicht die Quelle des Giftes" » (« L'équipe de Nawalny sur l'empoisonnement : "La bouteille n'était probablement pas la source du poison" »)., *Der Tagesspiegel*, 17 septembre 2020.
73. BBC Russian, « Alexei Navalny: Two hours that saved Russian opposition leader's life », *BBC News*, 3 septembre 2020.
74. Tim Lister, Clarissa Ward, Sebastian Shukla, « Russian opposition leader Alexey Navalny dupes spy into revealing how he was poisoned », *CNN*, 21 décembre 2020.

du FSB [Service fédéral de sécurité] », diffusée en boucle sur les médias occidentaux[75]. Nous y reviendrons plus en détail.

4.1.1. Le Novitchok

Le Novitchok (nom qui signifie « *Petit Nouveau* ») a été révélé au grand public par l'affaire Skripal en 2018. C'est un toxique de combat mal connu, dont certains détails techniques ont été publiés en 2008 dans le livre de Vil *Mirzayanov*, un de ses concepteurs[76]. Il s'agit d'un toxique de combat qui est resté au stade expérimental et n'a *jamais* été adopté par l'URSS/Russie. Il a été développé dans les années 1970-1980 par les laboratoires de Chikhany (Russie) et de Noukous (aujourd'hui en Ouzbékistan), et aurait dû être produit par le Laboratoire de Pavlodar (aujourd'hui au Kazakhstan). Constatant que sa toxicité élevée en rendait la manipulation difficile sur le champ de bataille, les Soviétiques ont abandonné son développement, et ces installations ont été reconverties pour produire des chimiques à usage civil dès 1987.

En décembre 1991, le Kazakhstan proclame son indépendance et le site de Pavlodar est démantelé sous la supervision des États-Unis. A cette période, tous les sites concernés de près ou de loin par le développement, les essais ou la production du Novitchok ont été démantelés.

C'est pourquoi, même après que sa formule a été connue des Occidentaux, le Novitchok n'a pas été inclus dans la liste des armes chimiques de l'*Organisation pour l'interdiction des armes chimiques* (OIAC). Ce qui explique pourquoi l'OIAC n'est pas intervenue sponta-

---

75. *Vidéo* « Я позвонил своему убийце. Он признался » (« J'ai appelé mon tueur. Il avoué »), *Алексей Навальный/YouTube*, 21 décembre 2020 (youtube.com/watch?v=ibqi-et6Bg38).
76. Vil S. Mirzayanov, *State Secrets: An Insider's Chronicle of the Russian Chemical Weapons Program*, Outskirts Press, Inc., 2008.

nément dans l'affaire Skripal, en 2018. Ce n'est qu'après cette affaire, en novembre 2019, que ce toxique a été ajouté à la liste. À la demande de la Russie, les formules de quatre agents apparentés au Novitchok ont été alors ajoutées à la liste des produits interdits de l'OIAC[77].

Après l'incident avec Navalny, les pays occidentaux ont protesté contre un usage des armes chimiques en Europe, en infraction du droit international[78]. Pourtant, le communiqué du gouvernement allemand du 6 octobre précise que « *cet agent neurotoxique inconnu publiquement n'a pas encore été officiellement répertorié par l'OIAC[79]* »... Et il ne semble pas qu'il le soit à l'avenir, comme nous le verrons.

Selon les journaux allemands *Süddeutsche Zeitung*[80] et *Die Zeit*[81], au début des années 1990, le Service de renseignement allemand, le BND, est parvenu à obtenir des échantillons de Novitchok pour les faire analyser dans plusieurs pays de l'Otan[82], parmi lesquels l'Allemagne[83], les États-Unis, la Grande-Bretagne, la Tchécoslovaquie et la Suède[84], à des fins de recherche et d'élaboration d'antidotes.

---

77. Davide Castelvecchi, « Novichok nerve agents banned by chemical-weapons treaty », *Nature*, 28 novembre 2019.

78. *Décision (Pesc) 2020/1482 du Conseil du 14 octobre 2020 modifiant la décision (PESC) 2018/1544 concernant des mesures restrictives de lutte contre la prolifération et l'utilisation d'armes chimiques*, Union européenne, 15 octobre 2020.

79. « Erklärung der Bundesregierung im Fall Nawalny » (« Déclaration du gouvernement fédéral sur l'affaire Navalny »), Pressemitteilung 356, *Presse- und Informationsamt der Bundesregierung* (BPA), 6 octobre 2020.

80. Georg Mascolo, Holger Stark, « BND beschaffte Nervengift "Nowitschok" in den 90er Jahren » (« Le BND s'est procuré du neurotoxique "Novichok" dans les années 90 »), *Süddeutsche Zeitung*, 16 mai 2018.

81. « BND beschaffte Nowitschok aus russischem Labor » (« Le BND s'est procuré du Novitchok auprès d'un laboratoire russe »), *Die Zeit*, 16 mai 2018.

82. Samuel Osborne, « Germany obtained novichok nerve agent sample in 1990s, reports say », *The Independent*, 17 mai 2018.

83. Alexander Pearson, « Skripal poisoning: Germany got Novichok chemical sample from Russia in 1990s », *dw.com*, 17 mai 2018.

84. « West's knowledge of Novichok came from sample secured in 1990s: report », *Reuters*, 16 mai 2018.

4. L'affaire

Ainsi, depuis le début des années 1990, les États-Unis ont déposé près de cent quarante brevets sur des armes chimiques de ce type. Vers 1998 déjà, le laboratoire d'armes chimiques américain d'Edgewood a synthétisé du Novitchok[85]. Selon Nikolaï Kovalyov, ancien directeur au FSB et député à la Douma, un petit stock de Novitchok aurait existé en Ukraine[86].

Par ailleurs, en 1994 déjà, le gouvernement russe avait engagé des poursuites contre Leonid Rink, un ex-employé de l'*Institut national de recherche de chimie organique et de technologie* (GosNIIOKhT), qui avait travaillé sur le Novitchok et en avait détourné de petites quantités pour les revendre à des membres de la mafia lettone[87]. Afin de nourrir la théorie d'un complot ourdi par le gouvernement russe, les tenants de la théorie du complot nient[88] même les affirmations du *New York Times*[89], selon lesquelles la mafia russe aurait déjà utilisé une variante du Novitchok pour assassiner Ivan Kivelidi, de la *Rosbusinessbank*, en 1995[90].

Cette « prolifération » explique pourquoi Leonid Rink affirme sur le média officiel russe *RIA Novosti*, que « *les Britanniques auraient pu empoisonner Skripal* »[91]. Même si ce n'est très probablement pas le cas, il n'a pas tort non plus, car l'honnêteté devrait nous obliger à reconnaître que le Novitchok n'est plus une exclusivité russe depuis

---

85. Karel Knip, « Unknown'newcomer novichok was long known », *nrc.nl*, 21 mars 2018.
86. Tony Wesolowsky, « A Timeline Of Russia's Changing Story On Skripal Poisoning », *Radio Free Europe / Radio Liberty*, 21 mars 2018.
87. « Secret trial shows risks of nerve agent theft in post-Soviet chaos: experts », *Reuters*, 14 mars 2018.
88. Antoine Hasday, *op. cit.*
89. Alessandra Stanley, « Moscow Journal; To the Business Risks in Russia, Add Poisoning », *The New York Times*, 9 août 1995.
90. Roman Chleïnov, « "Новичок" уже убивал » (« Le "Novitchok" a déjà tué »), *Novaïa Gazeta*, 22 mars 2018.
91. Andreï Veselo, « Отравить Скрипаля могли британцы » (« Les Britanniques ont peut-être empoisonné Skripal »), *RIA Novosti*, 20 mars 2018.

longtemps. Ainsi, l'attribution catégorique de son utilisation au gouvernement russe est très discutable.

Quant au GosNIIOKhT, que l'on soupçonne de produire le Novitchok, il est sous la tutelle du ministère du Commerce et de l'Industrie. Il s'occupe de « *recherche sur la sécurité écologique et l'analyse des risques humains, et exerce plusieurs activités dans l'industrie chimique civile et la protection de l'environnement* », et son accès est surveillé par deux gardes non-armés, comme l'ont constaté des journalistes du *Telegraph* britannique peu après l'affaire Skripal[92]...

Par ailleurs, l'existence même d'un programme de développement du Novitchok est contestée par la Russie[93] et certains experts occidentaux[94]. Aucun complotisme ici, mais une confusion sur les termes : tout d'abord, la désignation Novitchok ne semble pas avoir été officielle, mais seulement un surnom usuel ; ensuite, on confond les « agents A » avec le développement d'une autre catégorie de toxiques, désignés « agents GV ». Sans entrer dans ce débat très technique, nous utiliserons ici le terme Novitchok, comme il est généralement compris en Occident.

4.1.2. Mode d'action

Pour comprendre la partialité avec laquelle les médias occidentaux ont présenté l'affaire, il est important de connaître la nature du poison que l'on suppose avoir été utilisé.

Le Novitchok est le surnom donné à une gamme de toxiques chimiques élaborés à titre expérimental en URSS durant les années

---

92. Alexander Bratersky, « Revealed: The Moscow weapons lab that made the deadly Novichok nerve agent », *The Telegraph*, 5 juillet 2018.
93. Vidéo « Zakharova about the Moscow's response to London's actions », *Rossiya24*, 18 mars 2018 (youtube.com/watch?v=vTA6KA3fCzc).
94. Paul McKeigue, Jake Mason, Piers Robinson, « Update to briefing note "Doubts about Novichoks" », *Timhayward*, 1er avril 2018.

1970-1980 sous le nom de code générique FOLIANT. C'est un toxique organophosphoré de la catégorie des toxiques innervants (ou neurotoxiques), qui agissent en perturbant le fonctionnement des muscles.

Nos muscles se contractent grâce à un neurotransmetteur : l'acétylcholine (ACh), libérée dans les synapses des nerfs moteurs. Ils se relâchent grâce à l'effet d'une enzyme qui « neutralise » l'acétylcholine : l'acétylcholinestérase (AChE). Les neurotoxiques agissent en inhibant l'AChE. Autrement dit, les muscles se contractent et ne se relâchent plus : une crampe généralisée bloque le cœur et la respiration, provoquant la mort dans des délais très brefs.

Dans le contexte de l'affaire Navalny, il est important de préciser, que les inhibiteurs d'AChE ne sont pas propres aux neurotoxiques de combat. On les trouve également dans les insecticides (à partir desquels ont été développés les toxiques de combat) et dans certains traitements contre des maladies neurologiques, comme les maladies de Parkinson et d'Alzheimer, ainsi qu'en psychiatrie et dans de très nombreux médicaments. Ils n'ont alors évidemment pas la même virulence que des agents neurotoxiques, mais peuvent présenter des biomarqueurs similaires dans le sang.

Il existe plusieurs sortes de neurotoxiques, qui se distinguent par leur toxicité, leur persistance et leur forme :

- les *agents G* (comme le sarin), développés dans les années 1930-1950 et les « moins » toxiques ;

- les *agents V* (comme le VX), développés dans les années 1960-1970, un peu plus toxiques ;

- les agents de type *Novitchok* (*agents A*), dont la dose létale est infime, qui peuvent tuer un individu en moins de deux minutes.

Il s'agit d'une famille de produits, dont les principaux sont : substance 33, A-230, A-232, A-234, A-242 et A-262[95].

Les neurotoxiques agissent par inhalation et par contact cutané. Leurs effets peuvent varier en fonction des individus.

Toxique	Type	Dose létale1 LD50 [g/personne]
Sarin	agent G	1,700
Soman		0,350
VX	agent V	0,010
A-232	agent A (Novitchok)	0,001-0,002
A-234		0,005

Tableau 2 – Toxicité des agents neurotoxiques (innervants) par contact cutané pour une personne de 70 kg. Les doses létales en cas d'inhalation sont environ dix fois inférieures. C'est pourquoi la manipulation d'objets ou de personnes intoxiqués doit s'effectuer avec une protection spéciale. [Source : Eugenie Nepovimovaa et Kamil Kucab, « Chemical warfare agent NOVICHOK – mini-review of available data », Food and Chemical Toxicology, Vol. 121, novembre 2018, pp. 343-350.]

Les neurotoxiques ont été développés pour le combat et agissent si rapidement qu'une hospitalisation n'est généralement pas possible. C'est pourquoi, dans toutes les armées occidentales, les militaires sont équipés – en cas de guerre – de dispositifs permettant de s'injecter de l'atropine *dans les secondes* qui suivent l'intoxication, afin de neutraliser ses effets.

La particularité des Novitchoks est qu'ils dégradent l'AChE de manière *irréversible*[96] et sont ainsi les plus virulents des neuro-

95. Peter R. Chai, Bryan D. Hayes, Timothy B. Erickson, Edward W. Boyer, « Novichok agents: a historical, current, and toxicological perspective », *Toxicology Communications*, 2:1, 2018, pp. 45-48, (DOI : 10.1080/24734306.2018.1475151).
96. Eugenie Nepovimovaa et Kamil Kucab, « Chemical warfare agent NOVICHOK – mini-review of available data », *Food and Chemical Toxicology*, Vol. 121, novembre 2018, pp. 343-350.

toxiques. Leurs effets étant rapidement irréversibles, le port d'une combinaison étanche spéciale avec masque à gaz lors du contact avec des personnes ou des objets intoxiqués est indispensable. Mais les images à l'arrivée de Navalny en Allemagne ne montrent pas de mesures de protection particulières des personnels de vol et d'accompagnement. Cela suscitera l'étonnement de certains parlementaires, qui questionneront le gouvernement sur les mesures prises pour permettre l'entrée sur le territoire allemand de personnes et d'objet potentiellement intoxiqués. Le gouvernement répondra simplement « *qu'il n'a pas d'informations à ce sujet* »[97]. Surprenant !

En admettant que Navalny ait été empoisonné à l'aide de Novitchok, le média d'opposition russe *Meduza*, basé en Lettonie, constate que c'était loin d'être le meilleur choix[98]. Le Novitchok a été conçu comme un toxique de combat : il n'est pas destiné à être discret, mais à être efficace ! Comme le souligne *Meduza*, il existe de très nombreux poisons plus efficaces et plus discrets[99]. Or, tous ceux que l'on soupçonne d'avoir été l'objet d'une attaque au Novitchok sont encore vivants ! Cela conduira Agnès Callamard et Irene Khan, deux « expertes » des Nations unies[100], à affirmer – sans le démon-

---

97. *Antwort der Bundesregierung auf die Kleine Anfrage der Abgeordneten Dr. Anton Friesen, Armin-Paulus Hampel, Dr. Roland Hartwig, weiterer Abgeordneter und der Fraktion der AfD– Drucksache 19/23352 – Offene Fragen bezüglich des mutmaßlichen Anschlags auf Alexej Nawalny*, Deutscher Bundestag, Drucksache 19/24493, 19 novembre 2020 (questions 4, 6 et 69).
98. « Highly toxic, but unreliable *Meduza* answers key questions about Novichok-type nerve agent poisoning », *meduza.io*, 3 septembre 2020.
99. « "There are better poisons if you really want to kill someone" The chemical weapons expert who led the OPCW's mission to Salisbury after the Novichok attack on the Skripals explains Alexey Navalny's situation », *meduza.io*, 3 septembre 2020.
100. Agnès Callamard est rapporteure spéciale sur les exécutions extrajudiciaires, sommaires ou arbi-traires, et Irene Khan est rapporteure spéciale sur la promotion et la protection de la liberté d'opinion et d'expression.

trer – qu'il s'agissait d'un avertissement[101]. Une idée que l'expert de l'OIAC cité par *Meduza* avait déjà battu en brèche, car les quantités létales sont tellement infimes, qu'il est quasiment impossible d'effectuer un dosage du poison.

La question pourrait dès lors être : *a-t-on vraiment découvert du Novitchok ?*

4.1.3. Le narratif occidental

À aucun moment, nos médias ou « experts » n'ont remis en question l'hypothèse initiale d'une tentative d'assassinat ordonnée par Vladimir poutine. Sur *France 5*, cinq mois après la « tentative d'empoisonnement », François Clémenceau affirme :

> *Il a été empoisonné avec une arme chimique [...] qui a été fabriquée dans des laboratoires suffisamment sophistiqués pour laisser penser que les services russes sont obligatoirement derrière.*[102]

Il contredit la revue *Nature*, selon laquelle ces toxiques peuvent être facilement produits : c'est leur militarisation qui est compliquée[103]. En fait, on répète les « certitudes » établies lors du cas Skripal, en 2018. Pourtant, les accusations britanniques étaient alors déjà très fragiles. Le *Salisbury Journal* du 5 mars 2018, évoquait

---

101. Agnès Callamard et Irene Khan, « Mandates of the Special Rapporteur on extrajudicial, summary or arbitrary executions; and the Special Rapporteur on the promotion and protection of the right to freedom of opinion and expression », *un.org*, 30 décembre 2020 (AL RUS 11/2020).

102. François Clémenceau dans l'émission « C dans l'air » du 3 février 2020, (« Navalny peut-il faire tomber Poutine ? #cdanslair 03.02. 2020 », *France 5/YouTube*, 4 février 2021) (29'25").

103. Leiv K. Sydnes, « Nerve agents: from discovery to deterrence », *Nature*, 30 juin 2020 (doi: https://doi.org/10.1038/d41586-020-01910-8)

une intoxication possible au *fentanyl*[104] ; information reprise en septembre 2018 par *Radio Free Europe/Radio Liberty,* qui précisait que le rapport d'admission des Skripal à l'hôpital mentionnait une intoxication au *fentanyl,* sans nommer le Novitchok[105]. Le 16 mars 2018, un consultant en médecine d'urgence du *National Health Service* confirmait qu'« *aucun patient n'a présenté de symptôme d'empoisonnement aux neurotoxiques à Salisbury et qu'il n'y a eu que trois cas d'empoisonnement sérieux* »[106].

Même Theresa May dut reconnaitre que l'accusation contre la Russie n'était que *circonstancielle* :

> *Sur la base de [sa] capacité, associée à son passé d'assassinats commandités par l'État – y compris contre d'ex-officiers de renseignement qu'ils considèrent comme des cibles légitimes – le gouvernement britannique a conclu qu'il était très probable que la Russie soit responsable de cet acte irresponsable et abject.*[107]

Autrement dit, l'accusation n'était pas fondée sur des constatations, mais sur l'hypothèse que la Russie a la capacité de produire le poison ; mais on ne sait toujours pas si la « *substance toxique* » est *effectivement* originaire de Russie[108]. C'est pourquoi, Gary Aitkenhead, directeur du *Defence Science and Technology Laboratory* (DSTL) de Porton Down, qui avait analysé le toxique

---

104. « Man found critically ill at Maltings in Salisbury man is former Russian spy Sergei Skripal », *salisburyjournal.co.uk,* 5 mars 2018.

105. Ron Synovitz, « Name Your Poison: Exotic Toxins Fell Kremlin Foes », *Radio Free Europe/Radio Liberty,* 18 septembre 2018.

106. Fiona Hamilton, John Simpson & Deborah Haynes, "Russia : Salisbury poison fears allayed by doctor", *The Times,* 16 mars 2018

107. Theresa May, 14 mars 2018 (citée dans la présentation faite à l'ambassade de Grande-Bretagne de Moscou au corps diplomatique, le 22 mars 2018).

108. AFP-Reuters, « Britisches Institut fand keine Quelle für Skripal-Gift » (« L'Institut britannique n'a trouvé aucune source pour le poison de Skripal »), *Zeit.de,* 3 avril 2018.

prélevé sur les Skripal, s'est opposé à ce que le gouvernement britannique parle d'un toxique « *produit* » ou « *fabriqué* » par la Russie, et n'a souscrit qu'à la formulation « *d'un type développé par la Russie* ».

Le 12 mars 2018, devant le Parlement, Theresa May utilisera donc cette formulation qui exprime les doutes du laboratoire de Porton Down :

> *Il est maintenant clair que M. Skripal et sa fille ont été empoisonnés avec un agent neurotoxique de niveau militaire d'un type développé par la Russie.*[109]

Cette même expression sera reprise dans le communiqué commun des États-Unis, de la Grande-Bretagne, de l'Allemagne et de la France du 15 mars, pour condamner l'action de la Russie[110]. L'ambassadeur britannique à l'OIAC résume très bien la situation :

> *[Ni] l'analyse du DSTL, ni le rapport de l'OIAC n'identifient le pays ou le laboratoire d'origine de l'agent utilisé dans cette attaque. Permettez-moi donc de vous présenter aussi la vision d'ensemble, qui amène le Royaume-Uni à estimer qu'il n'existe pas d'autre explication plausible à ce qui s'est passé à Salisbury que la responsabilité de l'État russe.*[111]

Cela n'empêchera pas Boris Johnson de mentir en affirmant qu'Aitkenhead avait confirmé l'origine russe du Novitchok. Le

---

109. « PM Commons statement on Salisbury incident: 12 March 2018 », gov.uk, 12 mars 2018.

110. Alex Ward, « The US and 3 allies are blaming Russia for nerve agent attack on ex-spy », *vox.com*, 15 mars 2018.

111. *Statement By H.E. Ambassador Peter Wilson Permanent Representative Of The United Kingdom Of Great Britain And Northern Ireland To The OPCW At The Fifty-Ninth Meeting Of The Executive Council*, Conseil exécutif de l'OIAC, 18 avril 2018 (EC-M-59/NAT.6).

Foreign Office relaiera l'information dans un tweet... qui sera rapidement effacé[112].

Voilà une logique pour le moins simpliste, qui montre que l'on a adopté des sanctions contre la Russie sans avoir la moindre preuve matérielle que le toxique était d'origine russe et qu'il avait été engagé par des agents russes.

D'ailleurs, le 22 mars 2018, dans un document destiné à autoriser l'OIAC à obtenir des échantillons sanguins des Skripal, le juge britannique est encore moins catégorique :

> *Des échantillons de sang de Sergueï Skripal et Ioulia Skripal ont été analysés et les résultats ont indiqué une exposition à un agent neurotoxique ou à un composé apparenté. Les échantillons ont été testés positifs pour la présence d'un agent neurotoxique de la classe Novitchok ou d'un agent étroitement apparenté.*[113]

En 2020, un document de l'OIAC classifié *OPCW HIGHLY PROTECTED* (« *OIAC Hautement protégé* », équivalent à « secret », fuite dans la presse autrichienne. Authentifié par son code-barres, le document a probablement été « fuité » par le *Bundesamt für Verfassungsschutz und Terrorismusbekämpfung* (BVT), le service de sécurité intérieur. Il dévoile la formule du toxique identifié par l'OIAC, montrant qu'il ne s'agissait pas de Novitchok et que le gouvernement britannique a tout simplement inventé les accusations contre la Russie[114]. Mais évidemment, aucun média en France ne relaie l'information...

---

112. « Foreign Office deletes tweet claiming Salisbury nerve agent made in Russia », *Sky-News*, 4 avril 2018.

113. *Approved Judgment*, Royal Courts of Justice, Strand, London, WC2A 2LL, 22 mars 2018.

114. johnhelmer.net/austria-confirms-opcw-report-on-skripal-faking-by-the-british-vienna-exposes-financial-times-lies-and-cover-up/

Ainsi, non seulement l'origine russe du poison n'a pu être déterminée, mais sa nature même n'est pas identifiée avec précision ! Car les symptômes décrits dans la presse s'apparentent à ceux d'une intoxication par la *phycotoxine paralysante* (IPP), également connue sous le nom de *saxitoxine* (STX), produite par des micro-organismes marins[115]. C'est pourquoi, l'hypothèse d'une intoxication alimentaire des Skripal par des fruits de mer – comme le suggère l'urgentiste de l'hôpital de Salisbury – reste l'hypothèse la plus vraisemblable... Mais que *Conspiracy Watch* considère comme du conspirationnisme[116] !

Trois ans plus tard, aucun élément n'est venu renforcer l'hypothèse d'une culpabilité russe, au contraire. Mais des imprécisions et incertitudes soigneusement entretenues suffisent aux médias – et aux parlementaires européens – pour asseoir une accusation contre la Russie dans l'affaire Navalny, sans aucune preuve matérielle. D'ailleurs, on observe que le gouvernement allemand se trouve dans la même incertitude que les Britanniques deux ans plus tôt. Malgré le ton ferme de leur communiqué du 2 septembre 2020, les Allemands n'accusent pas le gouvernement russe :

> *Il est choquant qu'Alexeï Navalny ait été victime d'une attaque par un agent neurotoxique en Russie.*
> *Le gouvernement fédéral condamne cette attaque dans les termes les plus fermes.*
> *Le gouvernement russe est invité à s'expliquer sur l'incident.*[117]

---

115. La STX est un neurotoxique que les États-Unis ont tenté de militariser dans les années 1960, pour des opérations spéciales. Lors de son enquête sur les activités clandestines de la CIA en 1975, la Commission Church avait découvert que l'Agence en conservait un stock. (Nous ne suggérons pas ici que la CIA serait impliquée dans le cas Skripal !)
116. Antoine Hasday, *op. cit.*
117. « Erklärung der Bundesregierung im Fall Nawalny » (« Déclaration du gouvernement fédéral sur l'affaire Navalny »), Pressemitteilung 306, *Presse- und Informationsamt der Bundesregierung* (BPA), 2 septembre 2020.

Donc, prétendre qu'il s'agit d'un « *assassinat d'État*[118] », est un mensonge basé sur une extrapolation que le gouvernement allemand n'a jamais faite. En clair : du complotisme au sens propre du terme.

4.2. L'hospitalisation et le transport en Allemagne

Le 20 août, peu après l'arrivée de Navalny à l'hôpital d'Omsk, les médecins russes pensent – dans un premier temps – à un empoisonnement. Une dizaine de minutes après son arrivée à l'hôpital, ils lui administrent de l'atropine. L'atropine étant un produit utilisé comme antidote en cas d'intoxication aux innervants, il n'en faut pas plus pour que certains complotistes[119] y voient la preuve que les médecins « savaient » qu'il avait été empoisonné au Novitchok. C'est évidemment faux, car si cela avait été le cas, le personnel soignant d'Omsk l'aurait accueilli avec un équipement de protection adéquat !

En fait, l'atropine est utilisée dans de très nombreuses situations médicales, notamment en cas d'intubation, comme l'explique le média d'opposition russe *Meduza*[120]. Sur *Radio Free Europe/Radio Liberty*, le Dr Alexandre Sabayev explique que les médecins ont rapidement réalisé qu'il s'agissait d'un problème métabolique et lui ont administré de l'atropine à une dose très inférieure à celle utilisée dans les cas d'empoisonnement[121].

---

118. François Clémenceau dans l'émission « C dans l'air », du 3 février 2020 (« Navalny peut-il faire tomber Poutine ? #cdanslair 03.02.2020 », *France 5/YouTube*, 4 février 2021) (29'55").
119. Galia Ackerman, dans l'émission « C dans l'air » du 5 septembre 2020, (« Poutine, l'opposant et le poison #cdanslair 05.09.20 », *France 5/YouTube*, 7 septembre 2020) (07'34").
120. « "We're in the business of saving lives, get it?" », *meduza.io*, 28 août 2020.
121. « Омский токсиколог: врачи скорой не вводили Навальному атропин » (« Toxicologue d'Omsk : les ambulanciers n'ont pas administré d'atropine à Navalny »), *Radio Svoboda*, 7 octobre 2020 (svoboda.org/a/30880019.html).

Mais la théorie du complot persiste : on suggère qu'il est dans le coma à cause de son empoisonnement avant son arrivée à l'hôpital d'Omsk[122]. Le média belge *Sudinfo.be* affirme que Navalny « *[a] été transféré médicalement [en Allemagne] après être tombé dans le coma au retour d'un voyage en Sibérie, victime d'un empoisonnement présumé* »[123]. C'est de la désinformation.

En fait, ce sont les médecins russes qui ont décidé de le mettre sous coma artificiel afin de faciliter son oxygénation (comme on le fait pour les malades de la Covid-19). Cela explique les produits trouvés dans son sang peu après, que montrent les protocoles de l'hôpital d'Omsk cités par *Meduza*[124] :

> *Trouvés dans le sang : propofol, pentobarbital, diazépam. Trouvé dans l'urine : propofol, méthoxyphénol, pentobarbital, amatandine, thiopental, atropine, prednisolone, café. Les dérivés de la phénothiazine, les antidépresseurs tricycliques, les inhibiteurs de cholinestérase ne sont pas détectés dans le sang et les urines.*[125]

Après six heures, ses analyses ne présentent pas de traces de poison, les médecins d'Omsk concluent à un trouble d'origine métabolique[126].

Pendant ce temps, en Allemagne, la *Cinema for Peace Foundation (CFP)*, une ONG qui promeut la paix et la démocratie (mais seule-

---

122. « Empoisonné, l'opposant russe Alexeï Navalny est dans le coma », *RTS.ch*, 20 août 2020.

123. Belga, « L'Allemagne a transmis le dossier judiciaire Navalny à Moscou », *Sudinfo.be*, 16 janvier 2021.

124. « Highly toxic, but unreliable *Meduza* answers key questions about Novichok-type nerve agent poisoning », *meduza.io*, 3 septembre 2020.

125. Traduit du russe (https://t.me/vladivostok1978/4577).

126. Anton Zverev, « Russia first treated Navalny for suspected poisoning then U-turned: doctor », *Reuters*, 6 septembre 2020.

ment dans certains pays[127] !), réclame l'hospitalisation de Navalny à l'hôpital de la Charité de Berlin, et affrète spécialement un avion, qui décolle de Nuremberg le vendredi 21 août à 3h du matin[128]. Ainsi, dans l'après-midi, au moins un médecin allemand est au chevet de Navalny à Omsk, tandis que les démarches pour son transfert sont effectuées. Le soir du 21, après l'intervention personnelle de Vladimir Poutine, les autorités russes donnent leur accord pour qu'il soit traité en Allemagne, malgré le contrôle judiciaire qui lui interdit de quitter le territoire russe.

Les proches de Navalny y voient une manœuvre dilatoire. *Libération* insinue que les médecins russes sont aux ordres des services de sécurité avec « *le souhait de ne pas lui fournir une assistance médicale de qualité et attendre que les traces du poison disparaissent* »[129]. Sur *Euronews*, quelques heures avant que Navalny s'envole vers l'Allemagne, l'opposant Konstantin Jankauskas affirme que Navalny « *est gardé prisonnier plusieurs jours, le temps de cacher la substance qui a servi à l'empoisonner, pour que ce poison sorte de son sang et que l'enquête n'aboutisse nulle part* »[130].

Dans une interview réalisée par l'institut *Montaigne* le 18 septembre, l'économiste Sergueï Guriev, outre de très nombreuses erreurs factuelles, affirme :

> *Tout laisse penser qu'il y a eu une erreur de calcul de la part de Moscou : on peut faire l'hypothèse que le plan était de supprimer Navalny et de l'enterrer ensuite à Moscou, puis de*

---

127. Son champ d'action recouvre les mêmes pays que la *National Endowment for Democracy* (NED), dont nous parlerons plus bas.
128. « Germany activists say they are sending plane to pick up Navalny », *Reuters*, 20 août 2020.
129. Tatiana Serova, « Alexeï Navalny toujours dans le coma, prisonnier de l'hôpital d'Omsk », *liberation.fr*, 21 août 2020.
130. « "Le poison fait partie de la politique de Poutine" », *Euronews*, 21 août 2020.

refuser le transfert des tests biologiques à l'étranger tout en niant l'empoisonnement. [...]

On peut penser que les autorités ont attendu que le poison ait cessé de laisser des traces dans le corps de Navalny avant de le laisser partir. Ils ont dû estimer que deux jours suffiraient à en effacer toute trace.[131]

Or, non seulement ces accusations sont purement spéculatives, mais elles sont factuellement fausses. Le 3 septembre, sur le média d'opposition russe *Meduza*, un expert de l'OIAC avait déjà mis en doute ces spéculations en expliquant que les inhibiteurs d'AChE des neurotoxiques se fixent sur la cholinestérase et restent ainsi dans le corps plus de trois à quatre semaines[132].

Si les services secrets russes ont la virtuosité dans l'emploi de poisons qu'on leur attribue, ils devraient le savoir. D'ailleurs, si Guriev avait dit vrai, cela n'expliquerait pas pourquoi les experts français, suédois et de l'OIAC (mandatés par le gouvernement allemand) n'ont effectué leurs prélèvements qu'entre le 2 et le 6 septembre, soit plus de dix jours plus tard ! Étaient-ils donc « de mèche » avec les « tueurs du FSB » et attendaient que les traces du Novitchok disparaissent ? Évidemment pas ! Conclusion : en gardant Navalny quarante-huit heures, les médecins russes n'ont pas cherché à cacher quoique ce soit, contrairement à ce qu'affirment les partisans de la théorie du complot.

---

131. « La mystérieuse affaire Navalny – L'opinion de Sergei Guriev », *institutmontaigne. org*, 18 septembre 2020.

132. « "There are better poisons if you really want to kill someone" The chemical weapons expert who led the OPCW's mission to Salisbury after the Novichok attack on the Skripals explains Alexey Navalny's situation », *meduza.io*, 3 septembre 2020.

Le 12 décembre, le *Times*[133] de Londres, suivi par le *New York Post*[134] et *DW*[135], affirme que Navalny a été l'objet d'une seconde tentative d'empoisonnement « *par le Kremlin* » à l'hôpital d'Omsk avant son départ pour l'Allemagne, accusant ainsi les médecins russes de complicité. En fait, cette accusation n'est alors possible que parce que l'on cache un détail : la présence des médecins allemands. Dans son rapport publié le 22 décembre dans *The Lancet*, l'hôpital de la Charité révèle que Navalny a un médecin allemand à ses côtés à Omsk, trente et une heures après le début de ses symptômes – soit dès l'après-midi du vendredi 21 août – et qu'au moment de son transport vers l'Allemagne « *son état s'est légèrement amélioré* »[136]. Ainsi, le rapport des médecins allemands est clair : leurs collègues russes ont non seulement stabilisé Navalny, mais leur traitement a été efficace. Affirmer que les médecins russes avaient « *le souhait de ne pas lui fournir une assistance médicale de qualité* »[137] relève de la malhonnêteté et de l'absence totale d'éthique journalistique. Les proches de Navalny et nos médias ont donc menti (une fois de plus) : cette « deuxième tentative » d'empoisonnement n'a donc très vraisemblablement jamais eu lieu...

Le 22 août à 8h du matin, l'avion repart vers Berlin avec Navalny à son bord. Le vol vers l'Allemagne s'effectue dans des conditions encore peu claires. Alors que Navalny est supposé avoir été empoisonné par un neurotoxique puissant, ni le personnel de vol, ni les équipes médicales, ni les accompagnants ne font l'objet de mesures

---

133. Matthew Campbell, « Revealed: Kremlin made a second attempt to poison Alexei Navalny in botched assassination », *The Times*, 12 décembre 2020.
134. Lee Brown, « Kremlin critic Alexei Navalny reportedly survived second poisoning », *New York Post*, 13 décembre 2020.
135. Alex Berry, « Navalny poisoning: Russia made second assassination attempt – report », *dw.com*, 13 décembre 2020.
136. Voir annexe 1.
137. Tatiana Serova, *op. cit.*

de protection particulières, comme le révéleront par la suite les réponses du gouvernement aux parlementaires allemands[138].

On observe ici les mécanismes du complotisme : créer un narratif à partir d'éléments disparates (ici : symptômes d'empoisonnement, « lenteur » pour évacuer Navalny vers l'Allemagne, connivence entre les médecins et le FSB, etc.), que l'on relie par une « logique » (ici : le gouvernement cherche à éliminer Navalny), en écartant les informations qui dérangent (ici : les caractéristiques des neurotoxiques, la présence des médecins allemands, etc.). C'est la méthode QAnon, institutionnalisée et servie contre la Russie.

4.3. La conversation téléphonique avec un « agent du FSB »

Le 21 décembre, une vidéo fait le buzz, qui montre Navalny téléphonant à l'un des agents du FSB qui aurait participé à cette tentative d'« empoisonnement »[139]. Les tenants de la théorie du complot prétendront qu'après cette conversation « *le doute n'est plus permis* »[140].

Pourtant, que nous dit réellement cette vidéo ? Selon le site *Bellingcat*, l'interlocuteur de Navalny serait un agent du FSB, dénommé Konstantin Kudryavtsev, mais strictement rien ne

---

138. *Antwort der Bundesregierung auf die Kleine Anfrage der Abgeordneten Dr. Anton Friesen, Armin-Paulus Hampel, Dr. Roland Hartwig, weiterer Abgeordneter und der Fraktion der AfD– Drucksache 19/23352 – Offene Fragen bezüglich des mutmaßlichen Anschlags auf Alexej Nawalny*, Deutscher Bundestag, Drucksache 19/24493, 19 novembre 2020 (questions 4, 6 et 69).
139. *Vidéo* « Я позвонил своему убийце. Он признался », Алексей Навальный/YouTube, 21 décembre 2020 (https://www.youtube.com/watch?v=ibqiet6Bg38)
140. Pascal Boniface, dans l'émission « C dans l'air » du 28 janvier 2021, (« Poutine / Navalny : espion, poison et corruption #cdanslair 28.01.2021 », *France 5/YouTube*, 29 janvier 2021) (55'39").

démontre qu'il s'agit effectivement de cette personne ni qu'elle est réellement un agent du FSB.

Bellingcat a expliqué sa méthodologie, mais elle est techniquement loin d'être fiable et moralement discutable. En fait, au lieu de partir du crime et de remonter jusqu'à son auteur (comme le ferait un Sherlock Holmes), *Bellingcat* cherche les individus qui correspondent le mieux au déroulement hypothétique du crime. Au plan pratique, on établit un profil des coupables à partir d'un scénario que l'on imagine, et on cherche ensuite les individus qui ont la plus grande probabilité d'y correspondre. Ainsi, on parvient au résultat par une succession d'approximations : on a la probabilité de la probabilité de la probabilité, etc., que ce que l'on trouve soit vrai. Pour simplifier : on sélectionne des faits à partir des conclusions, alors que les faits devraient conduire à des conclusions. C'est une méthode que les services de police cherchent à éviter, car elle conduit à des erreurs judiciaires.

On pourrait utiliser une telle méthodologie si l'on connaissait exactement à l'avance tous les éléments du crime. Le problème est qu'ici, de très nombreux détails montrent que *Bellingcat* ne connaît ni le fonctionnement, ni la structure des services de sécurité russes, ni même la manière dont le crime a été commis et ses circonstances. Dès lors, la probabilité que *Bellingcat* soit arrivé au bon résultat est extrêmement faible. D'ailleurs, la chaine américaine *CNN* – qui a enquêté sur place – avoue qu'elle n'a « *pas été en mesure* » de confirmer les accusations de Navalny[141]...

Par ailleurs, en admettant que l'interlocuteur de Navalny soit effectivement membre d'une équipe « d'empoisonneurs », s'exprimerait-il librement avec un inconnu, sur un téléphone non crypté,

---

141. « CNN investigation uncovers tailing of Alexey Navalny prior to poisoning », CNN, vidéo YouTube, 14 décembre 2020 (08'27") (youtube.com/watch?v=n74UMp2Kmp4).

et donnerait-il des détails sur une opération qui serait vraisemblablement hautement classifiée ? En admettant que cet « agent » ait participé à la surveillance de Navalny durant quatre ans, n'aurait-il pas reconnu sa voix au téléphone ? Avec un grand nombre de contradictions et d'erreurs sur le fonctionnement des services, on est en droit de penser que l'interlocuteur de Navalny n'était pas celui qu'on nous a présenté.

Cela étant dit, dans de nombreux pays – y compris en France[142] –, les mouvements d'opposition (et même les anciens présidents de la République !) font l'objet d'une surveillance particulière, et la Russie ne fait certainement pas exception en la matière. Cette surveillance est probablement d'autant plus assidue que le mouvement de Navalny est soutenu et financé par des pays étrangers. Aux États-Unis, en 2018, c'est pour les mêmes raisons que le FBI a arrêté Maria Butina, une jeune Russe qui cherchait – naïvement – à rapprocher les États-Unis et la Russie. Considérée comme une espionne et agente étrangère par les États-Unis et nos médias, comme *Le Monde*[143] ou *L'Express*[144], elle sera finalement expulsée vers son pays à la demande du Kremlin. Ironiquement, elle était active politiquement en Russie, dans le parti... d'Alexeï Navalny[145] ! D'ailleurs, bien peu de médias relèveront qu'elle a rendu visite à Navalny en prison en avril 2021[146] !

---

142. « France. La nouvelle loi sur la surveillance porte gravement atteinte aux droits humains humains », *amnesty.org*, 24 juillet 2015.

143. AFP, « États-Unis : l'espionne russe Maria Butina condamnée à dix-huit mois de prison », *Le Monde*, 26 avril 2019 (mis à jour le 27 avril 2019).

144. Lucas Godignon, « Les deux vies de Maria Butina, étudiante et espionne russe », *lexpress.fr*, 18 juillet 2018 (mis à jour le 19 juillet 2018).

145. Maria Butina fait partie des sept candidats qui méritent d'être soutenus selon l'article « Давайте проголосуем, раз уж можно голосовать » (« Votons maintenant que nous sommes autorisés à le faire »), *navalny.com*, 6 mai 2014.

146. Kahina Sekkai, « L'ex-espionne russe Maria Butina a surpris Alexeï Navalny en prison », *Paris Match*, 2 avril 2021.

Le média d'opposition *Meduza* a demandé à quatre avocats si la vidéo de Navalny constituait une preuve que le FSB a tenté de l'empoisonner. Tous s'accordent pour déclarer que même s'il est juridiquement possible de présenter la vidéo au cours d'un procès, son contenu peut prêter à toutes les manipulations et est très insuffisant pour prouver quoi que ce soit[147].

Quant à *Bellingcat* – auquel se réfèrent régulièrement des conspirationnistes d'extrême-droite, *Conspiracy Watch* et de nombreux médias occidentaux –, un document interne de l'*Integrity Initiative* britannique de juin 2018 sur la lutte contre la désinformation russe le juge de la manière suivante :

> *Bellingcat a été quelque peu discrédité, à la fois en répandant lui-même de la désinformation et en étant prêt à produire des rapports pour quiconque est prêt à payer.*[148]

Cette conversation téléphonique n'est donc pas crédible quant à sa forme. Mais elle ne l'est pas non plus quant au fond. En admettant qu'il s'agisse d'un empoisonnement au Novitchok, et même que le poison soit d'origine russe, rigoureusement rien à ce stade – pas même la conversation de Navalny – ne permet de relier les autorités russes à cette tentative. D'ailleurs, comme nous le verrons, les différents rapports sur cet empoisonnement, publiés par l'hôpital de la Charité, par l'OIAC, par l'Allemagne, la Suède ou la France sont basés sur les échantillons biomédicaux (prélèvements de sang et d'urine), et aucun ne confirme le mode d'empoisonnement, ni ne fait référence aux bouteilles ou aux sous-vêtements. Une consta-

---

147. Kristina Safonova, « Indirect confessions We asked lawyers if Navalny's recording is valid proof that the FSB tried to poison him », *meduza.io*, 21 décembre 2020.
148. *Upskilling to Upscale: Unleashing the Capacity of Civil Society to Counter Disinformation*, Final Report, juin 2018, p. 72.

tation confirmée par le gouvernement allemand dans ses réponses aux parlementaires[149].

4.4. Le résultat des analyses

Les éléments pour juger la pertinence des accusations occidentales de 2018 et de 2020 sont rares. Les analyses effectuées par les laboratoires militaires allemand, français et suédois[150], en septembre 2020, restent classifiées et n'ont été ni publiées, ni communiquées à la Russie, malgré ses demandes. En revanche, on dispose des données récoltées par les médecins qui ont traité Navalny à Omsk et à Berlin[151], la version déclassifiée du rapport de l'OIAC[152] et – dans une certaine mesure – les réponses du gouvernement allemand du 19 novembre 2020 et du 15 février 2021, aux questions des parlementaires du Bundestag.

Les analyses des laboratoires militaires tendent à affirmer la présence de Novitchok, mais leur contenu est invérifiable. Les observations des médecins civils tendent à contredire leurs conclusions, tandis que les réponses officielles semblent beaucoup moins catégoriques que les médias et se retranchent derrière le secret militaire lorsque les faits semblent contredire les déclarations.

Le 24 août, l'hôpital de la Charité déclare dans un communiqué de presse que les analyses cliniques « *indiquent une intoxication*

---

149. *Antwort der Bundesregierung auf die Kleine Anfrage der Abgeordneten Dr. Anton Friesen, Armin-Paulus Hampel, Dr. Roland Hartwig, weiterer Abgeordneter und der Fraktion der AfD– Drucksache 19/25516*, Deutscher Bundestag, Drucksache 19/26684, 15 février 2021 (réponses aux question 19 à 24).
150. Voir annexe 4.
151. Voir annexes 1 et 2.
152. Voir annexe 3.

par une substance du groupe des inhibiteurs de cholinestérase »[153]. Pourtant les médecins d'Omsk n'en n'ont pas détecté. Alors : complot ? Non, pas forcément. Comme l'explique le média d'opposition *Meduza*, les médecins allemands ont cherché à prouver un empoisonnement, alors que les médecins russes ont cherché la cause du malaise de Navalny[154]. Ne cherchant pas la même chose, ils obtiennent des résultats différents, mais qui ne sont pas incohérents.

Le gouvernement allemand mandate l'*Institut für Pharmakologie und Toxikologie der Bundeswehr* (IPTB) pour effectuer les analyses toxicologiques des prélèvements (*Bioproben*) effectués sur Navalny (c'est-à-dire dans le sang et les urines). Dans son communiqué du 2 septembre, le gouvernement affirme que les analyses effectuées par l'IPTB ont apporté « *la preuve irréfutable d'un agent neurotoxique chimique du groupe Novitchok* »[155].

Le 14 septembre, l'Allemagne déclare que « *les résultats des analyses par des laboratoires spécialisés en France et en Suède sont désormais disponibles et confirment les preuves allemandes* »[156], et qu'elle a demandé l'assistance de l'OIAC. Elle réitère sa demande d'éclaircissements à la Russie, mais n'affirme pas, ni ne suggère, qu'elle pourrait être à l'origine de la tentative d'empoisonnement.

Notons ici que l'Allemagne a demandé l'assistance de l'OIAC en évoquant l'article VIII (alinéa 38) de la *Convention sur l'interdiction*

---

153. « Press release – Statement by Charité: Clinical findings indicate Alexei Navalny was poisoned », *charite.de*, 24 août 2020.
154. « Highly toxic, but unreliable *Meduza* answers key questions about Novichok-type nerve agent poisoning », *meduza.io*, 3 septembre 2020.
155. « Erklärung der Bundesregierung im Fall Nawalny » (« Déclaration du gouvernement fédéral sur l'affaire Nawalny »), Pressemitteilung 306, *Presse- und Informationsamt der Bundesregierung* (BPA), 2 septembre 2020.
156. « Erklärung der Bundesregierung im Fall Nawalny » (« Déclaration du gouvernement fédéral sur l'affaire Nawalny »), Pressemitteilung 322, *Presse- und Informationsamt der Bundesregierung* (BPA), 14 septembre 2020.

des armes chimiques (qui n'exige pas de partager les données), au lieu de l'article IX (alinéas 3 et 4), qui impose un partage des informations entre les parties concernées. Les autorités allemandes ont refusé le partage d'informations avec la Russie au prétexte que Navalny avait été traité à Omsk et que – donc – les autorités russes avaient le résultat des analyses[157]... Une manière d'accuser sans contradiction possible.

Le 6 octobre, l'OIAC publie son rapport et observe :

> *Les biomarqueurs de l'inhibiteur de la cholinestérase trouvés dans les échantillons de sang et d'urine de M. Navalny ont des caractéristiques structurelles similaires à celles des produits chimiques toxiques appartenant aux tableaux 1.A.14 et 1.A.15, qui ont été ajoutés à l'annexe sur les produits chimiques de la Convention à la vingt-quatrième session de la Conférence des États parties en novembre 2019. Cet inhibiteur de la cholinestérase ne figure pas dans l'annexe sur les produits chimiques de la Convention.*[158]

Le rapport conclut que Navalny « *a été exposé à un produit chimique toxique agissant comme un inhibiteur de la cholinestérase* ». Le biomarqueur est nommé dans la version classifiée du rapport, mais pas l'inhibiteur d'AChE, qui ne figure pas sur la liste de l'OIAC des produits considérés comme des armes chimiques. Ainsi, contrairement à ce qu'affirme Galia Ackerman, dans l'émission « *C dans l'air* » du 28 janvier, l'OIAC n'a pas confirmé qu'il s'agis-

---

157. Florian Rötzer, « Bundesregierung erklärt, zwei unabhängige Militärlabors hätten den Nowitschok-Nachweis des Bundeswehrlabors bestätigt », *heise.de*, 15 septembre 2020.
158. « Summary of the Report on Activities Carried out in Support of a Request for Technical Assistance by Germany (Technical Assistance Visit – TAV/01/20) », Note By The Technical Secretariat, OPCW, 6 octobre 2020 (S/1906/2020). Voir annexe 4.

sait de Novitchok, mais seulement la présence de biomarqueurs semblables[159].

En octobre 2020, les Suédois communiquent le résultat de leurs analyses, et constatent[160] :

> *La présence de XXXX a été confirmée dans le sang du patient.*[161]

Le nom de la substance est masqué et manifestement couvert par le secret militaire. Donc on n'en sait rien, mais on peut imaginer que s'il s'agissait de Novitchok (auquel s'attendaient les pays occidentaux), on n'aurait pas eu de raison de le masquer... Le 14 janvier 2021, le gouvernement suédois refuse de déclassifier ce résultat afin de ne « *pas porter préjudice aux relations entre la Suède et une puissance étrangère* », sans préciser s'il s'agit de l'Allemagne ou des États-Unis. Donc on n'en sait rien. Mais on sait par ailleurs, que la Suède est un pays où l'honneur est une fiction subordonnée à l'intérêt politique : dans l'affaire Julian Assange, déjà, le gouvernement suédois avait littéralement « *fabriqué* » des accusations de viol, selon Nils Melzer, rapporteur spécial des Nations unies sur la torture[162].

On pourrait penser que l'on cherche à combattre l'opacité russe par la transparence occidentale, mais cela ne semble pas être le cas...

Dans son communiqué du 6 octobre 2020, après les analyses de l'OIAC, de la France et de la Suède, le gouvernement allemand

---

159. Galia Ackerman, dans l'émission « C dans l'air » du 28 janvier 2021, (« Poutine / Navalny : espion, poison et corruption #cdanslair 28.01.2021 », France 5/YouTube, 29 janvier 2021) (04'30").
160. twitter.com/mazzenilsson/status/1314600936497704960
161. Voir annexe 4.
162. Daniel Ryser, Yves Bachmann, Charles Hawley, « A murderous system is being created before our very eyes », *republik.ch*, 31 janvier 2020.

exprime avec fermeté qu'il y a eu empoisonnement, mais n'est toujours pas en mesure d'en attribuer la responsabilité à la Russie :

> *Cela confirme une fois de plus sans équivoque la preuve qu'Alexeï Navalny a été victime d'une attaque avec un agent neurotoxique chimique du groupe Novitchok. Cet agent neurotoxique inconnu publiquement n'a pas encore été officiellement répertorié par l'OIAC.*

Assez curieusement, dans le même communiqué, le gouvernement allemand indique qu'il hésite à faire enregistrer ces substances par l'OIAC :

> *Le gouvernement fédéral examine actuellement le rapport technique détaillé d'analyse que l'OIAC lui a présenté hier. L'évaluation des risques de prolifération joue un rôle essentiel dans la diffusion ou la publication des informations, ainsi que dans la question de sa catégorisation officielle. Il ne faut pas que les connaissances sur la substance dangereuse tombent en de mauvaises mains.*[163]

Il s'agit donc d'un produit non répertorié par l'OIAC, qui présente « *des similitudes structurelles avec les substances du groupe Novitchok* »[164], mais que le gouvernement allemand n'est pas prêt à faire interdire par l'OIAC. Il confirme d'ailleurs son intention dans sa réponse du 15 février 2021 aux parlementaires allemands qui

---

163. « Erklärung der Bundesregierung im Fall Nawalny » (« Déclaration du gouvernement fédéral sur l'affaire Nawalny »), Pressemitteilung 356, *Presse- und Informationsamt der Bundesregierung* (BPA), 6 octobre 2020
164. « Erklärungen des Auswärtigen Amts in der Regierungspressekonferenz vom 07.10.2020 » (« Déclaration du ministère fédéral des Affaires étrangères lors de la conférence de presse du gouvernement du 7 octobre 2020 »), 8 octobre 2020 (www.auswaertiges-amt.de/de/newsroom/regierungspressekonferenz/2403102).

l'interrogent sur la pertinence de cette décision. Sans mentionner nulle part la présence de Novitchok, il déclare :

> *Le neurotoxique trouvé chez Alexeï Navalny est un agent militaire. Comme pour toutes les armes chimiques, sa fabrication et son utilisation sont déjà fondamentalement interdites par la Convention sur l'interdiction des armes chimiques (CIAC). La publication de la formule chimique du neurotoxique sur la liste [de l'OIAC] comporte des risques de prolifération considérables. Par conséquent, le gouvernement fédéral ne préconise pas l'inscription de la substance auprès de l'OIAC.*[165]

Autrement dit, la substance toxique trouvée chez Navalny serait si dangereuse que l'interdire pourrait présenter un risque de prolifération supérieur à sa dangerosité ! Par ailleurs, si cette substance a son origine dans un laboratoire « *suffisamment sophistiqué* » en Russie, on ne voit pas très bien pourquoi son existence devrait être couverte par le secret militaire au point de ne pas pouvoir l'interdire ! Magritte aurait dit : « *Ceci n'est pas du Novitchok* » !

Le rapport des médecins allemands, publié le 22 décembre 2020, dans la revue médicale *The Lancet*, indique clairement qu'ils n'ont pas été en mesure d'identifier la présence de Novitchok à l'arrivée de Navalny, mais seulement d'« *inhibiteurs de la cholinestérase* ». Ils précisent que l'identification de Novitchok nécessitait les analyses plus approfondies de l'IPTB.

Mais les analyses effectuées par l'hôpital de la Charité à l'arrivée de Navalny sont éloquentes. Elles font l'objet d'une annexe de

---

165. « *Antwort der Bundesregierung auf die Kleine Anfrage der Abgeordneten Dr. Anton Friesen, Armin-Paulus Hampel, Dr. Roland Hartwig, weiterer Abgeordneter und der Fraktion der AfD– Drucksache 19/25516* », (« Réponse du gouvernement fédéral à la petite question des députés Dr. Anton Friesen, Armin-Paulus Hampel, Dr. Roland Hartwig, et d'un autre membre du parlement et du groupe parlementaire de l'AfD - Document 19/25516) Deutscher Bundestag, Drucksache 19/26684, 15 février 2021.

l'article du *Lancet*[166]. Une annexe qu'*aucun* média traditionnel n'a publiée, relatée ou analysée ! Même la communication publiée le 30 décembre par Agnès Callamard et Irene Khan, rapporteures spéciales des Nations unies, ne mentionne pas cette annexe, alors qu'elle contient les seules observations scientifiques accessibles[167]. On est en droit de s'interroger sur leur compétence, ainsi que sur l'impartialité et l'intégrité qu'exigent leur charge, alors que, par ailleurs, elles jugent que le rapport des services de renseignement américains sur l'assassinat de Jamal Khashoggi « *ne fournit que des preuves circonstancielles* » (ce qui est vrai)[168].

En fait, si le rapport du *Lancet* est si peu cité, c'est parce que les médecins allemands remettent en question la version militaire des faits. Le lecteur averti peut consulter ces valeurs jointes en annexe de cet ouvrage[169] et en tirer les conclusions lui-même. Des recherches superficielles sur ces différents résultats permettent – sous toute réserve – quelques observations, à titre indicatif :

- la valeur de l'albumine suggère un problème lié au foie ;

- la valeur élevée de lactate déshydrogénase (LDH) suggère des troubles métaboliques souvent observés avec les tumeurs cancéreuses ;

- les valeurs de l'amylase et de la lipase suggèrent une pancréatite, déjà été évoquée à propos de Navalny dans le passé ;

- les valeurs pour la protéine C-réactive, les leucocytes, les neutrophiles et les érythrocytes suggèrent une infection bactérienne ;

- l'amantadine est un médicament souvent utilisé dans le traitement de la maladie de Parkinson ;

---

166. Voir annexe 2.
167. spcommreports.ohchr.org/TMResultsBase/DownLoadPublicCommunication-File?gId=25830
168. « Russia responsible for Navalny poisoning, rights experts say », *un.org*, 1er mars 2021.
169. Voir annexe 2, appendice S2.

- le lithium est utilisé en psychiatrie pour le traitement des troubles bipolaires et de la dépression ;

- la faible valeur de butyrylcholinestérase (BChE) – 0,42 à l'arrivée à Berlin et 0,41 au jour 3 – suggère l'exposition à un inhibiteur de cholinestérase, et pourrait être expliquée par le lithium[170] ;

- on trouve des anxiolytiques avec des effets anticonvulsivants, comme le diazépam et le nordazépam, ainsi que de l'oxazépam, utilisé pour traiter les troubles du comportement et l'anxiété. Les effets de l'oxazépam, notamment lorsqu'il est pris en forte dose avec de l'alcool peut occasionner des crampes abdominales et musculaires, convulsions, une dépression. Ces médicaments s'ingèrent généralement par voie orale.

La présence d'inhibiteurs de cholinestérase pourrait donc simplement s'expliquer par les médicaments ingurgités par Navalny lui-même, selon toute vraisemblance en combinaison avec de l'alcool. Cela expliquerait que ses symptômes aient été totalement différents de ceux de Sergueï et Ioulia Skripal en 2018, que l'on prétend victimes du même poison.

Par ailleurs, le rapport des médecins allemands révèle que lorsque les Français, les Suédois et l'OIAC ont fait leurs prélèvements – soit quinze jours après l'arrivée de Navalny en Allemagne – son niveau de cholinestérase était proche de la normale. À ce stade, ces laboratoires n'ont pu détecter que des « *inhibiteurs de cholinestérase* », mais non plus les substances trouvées à la Charité quelques jours plus tôt, comme le lithium ou les médicaments, qui auraient favorisé leur apparition. En l'absence de résultats publiés, nous ne savons pas exactement ce que les militaires ont trouvé, mais il est vraisemblable que n'ayant pas d'autre explication à la présence

---

170. Sin J. Choi, Robert M. Derman, « Lithium and cholinesterase », *Progress in Neuro-Psychopharmacology*, Vol. 4, n° 1, 1980, pp. 107-109 (DOI: 10.1016/0364-7722(80)90067-3).

de ces inhibiteurs, ils ont été amenés à conclure qu'il s'agissait de Novitchok.

En gardant leurs résultats secrets, ces laboratoires n'avaient sans doute pas prévu que les médecins allemands publieraient le résultat de leurs analyses. Car grâce à ces derniers, l'hypothèse que Navalny a été victime d'un empoisonnement accidentel apparaît plus vraisemblable qu'un empoisonnement délibéré.

Navalny devait évidemment le savoir, comme il devait savoir que ces résultats allaient être publiés ; et c'est probablement pour disqualifier leurs conclusions, que la veille de la publication de l'article du *Lancet*, Navalny a mis en ligne sa conversation téléphonique avec un « agent du FSB ».

D'ailleurs, le 23 septembre 2020, après sa sortie de l'hôpital berlinois, sur son compte Instagram, Navalny remercie chaleureusement pour son « *incroyable travail* »[171] le Dr Kai-Uwe Eckhart, qui est spécialiste en néphrologie et en médecine interne (et non en toxicologie !).

Rien de cela ne permet de tirer des conclusions définitives, dans un sens comme dans l'autre, mais tend à montrer que les accusations portées contre la Russie sont circonstancielles et non factuelles. Cela remet sérieusement en perspective les affirmations catégoriques, elles, de nos parlementaires européens, des experts sur les plateaux de télévision ou de *Conspiracy Watch*[172].

---

171. https://www.facebook.com/navalny/photos/a.368739553145134/3670231166329273/?-type=3
172. Antoine Hasday, *op. cit.*

4.5. Le film *Le Palais de Poutine*

Après sa sortie de l'hôpital berlinois, Navalny n'est pas rentré tout de suite en Russie, car il était à Kirchzarten[173], aux *Black Forest Studios*[174], pour réaliser un film de propagande : *Le Palais de Poutine*. Les studios avaient été contactés début décembre par une firme basée en Californie, dont l'identité n'a pas été révélée, pour savoir s'ils avaient les capacités nécessaires à la production du film. C'est cette firme qui a financé la réservation des studios et la réalisation du film en Allemagne[175].

Manifestement le film est déjà partiellement réalisé ; manquent encore quelques scènes avec Navalny, qui sont tournées en décembre 2020. Le 19 janvier 2021, il est diffusé par l'ensemble des médias occidentaux et vu plusieurs dizaines de millions de fois. Il porte sur un somptueux « palais » situé à Gelendjik, dont une rumeur – entretenue par ses adversaires – attribue la propriété à Vladimir Poutine.

En fait, il s'agit d'une accusation réchauffée, purement spéculative et que rigoureusement aucun élément ne confirme. Cette polémique a pris naissance en 2010, avec la lettre d'un certain Sergueï Kolesnikov, adressée au président Medvedev, dans laquelle il accuse Vladimir Poutine, alors Premier ministre, de s'être fait construire un palais avec l'argent de la corruption. Mais sans apporter de preuves de ses allégations, comme le constate le *Financial Times*[176]. Aujourd'hui, on tente naturellement de faire passer Kolesnikov pour un « lanceur

---

173. Alexei Makartsev, Georg Rudiger, « Nawalny produzierte Putin-Film im Schwarzwald » (« Navalny a produit un film sur Poutine dans la Forêt-Noire »), *Badische Neueste Nachrichten*, 23 janvier 2021.
174. www.blackforest-studios.com/
175. Ralf Deckert, « Palast-Video in Blackforest Studios produziert » (« La vidéo du palais produite à Black Forest Studios »), *schwarzwaelder-bote.de*, 22 janvier 2021.
176. Catherine Belton, « A realm fit for a tsar », *Financial Times*, 30 novembre 2011.

d'alerte », qui serait, après sa lettre, « *parti à l'étranger, bien entendu* » pour échapper à la vindicte de Poutine[177]. En réalité, c'est l'inverse qui s'est passé : après qu'une procédure judiciaire a été ouverte contre lui pour malversation et escroquerie, Kolesnikov a quitté furtivement la Russie en septembre 2010[178], pour s'établir aux États-Unis. C'est alors, en décembre 2010, qu'il écrit sa lettre accusant Vladimir Poutine[179]. Tout laisse à penser que cette lettre est davantage le produit d'un esprit de vengeance que la manifestation d'un souci de justice.

Ce que l'on connaît du « palais » tend à confirmer qu'il s'agit d'un complexe hôtelier de très haut standing, avec une structure de financement impliquant plusieurs investisseurs. Le propriétaire de cette construction monumentale aurait été le milliardaire russe Alexandre Ponomarenko, et serait actuellement Arkadi Rotenberg[180]. Le coût total de l'ensemble immobilier serait de cent milliards de roubles (environ 1,11 milliard d'euros), soit moins que l'hôtel *Bellagio* de Las Vegas[181] et d'autres[182]. C'est d'ailleurs cette structure de financement avec de multiples intervenants qui explique les retards dans le projet, initié avant 2010 et qui n'est toujours pas terminé. Par comparaison, des projets considérablement plus importants, comme le pont de Kertch ou la restauration du palais Constantin, près de Saint-Pétersbourg, réalisés sous les ordres de Poutine, ont été achevés en trois à quatre ans.

---

177. Galia Ackerman, dans l'émission « C dans l'air » du 28 janvier 2021, (« Poutine / Navalny : espion, poison et corruption #cdanslair 28.01.2021 », *France 5/Youtube*, 29 janvier 2021) (20'30").

178. Catherine Belton, *op. cit.*

179. www.miamioh.edu/cas/_files/documents/havighurst/kolesnikov-medvedev-letters/letter-to-medvedev-engtrans.pdf

180. AFP, « Russie : un milliardaire assure être le propriétaire du "palais de Poutine" », *lematin.ch*, 30 janvier 2021.

181. Article Wikipédia (anglais) « Bellagio (resort) ».

182. « Top 10: most expensive hotels ever built », *The Luxury Travel Expert*, 9 mars 2020.

Le film de Navalny montre un mobilier de luxe, dont une table basse à 4,3 millions de roubles, un vase à 2,6 millions et une brosse de toilettes à 62 000 roubles[183], etc. qui n'existent pas ! Les images d'« *ouvriers indélicats qui se sont vautrés dans des canapés de Poutine* » évoquées par Galia Ackerman[184] sur *France 5* sont des montages : en fait, ce sont des images de synthèse. Les photos montrant Poutine dans « sa » piscine sont des photomontages, car tout est encore à l'état de gros œuvre[185]. Comme l'a démontré un internaute russe qui s'est rendu sur le chantier, le bâtiment est encore en construction[186] ! Cerise sur le gâteau, l'aigle que l'on voit sur le portail du « palais de Poutine » n'est pas l'aigle russe, mais celui du Monténégro[187] ! L'analyse du travail de modélisation en 3D faite par *Luminous Labs* montre qu'il s'agit d'un travail considérable et d'un coût probablement bien supérieur aux capacités de l'équipe de Navalny[188]... Un exemple de désinformation !

Par ailleurs, une oreille attentive constatera que Navalny n'emploie pas la langue parlée habituellement en Russie : elle est émaillée d'anglicismes, de tournures de phrase et d'expressions qui ont clairement une origine anglophone. Il est donc très vraisemblable que Navalny n'a eu qu'à lire un script qui lui a été écrit par l'équipe venue de Los Angeles...

---

183. Émission « C dans l'air » du 3 février 2021, (« Navalny peut-il faire tomber Poutine ? #cdanslair 03.02. 2020 », *France 5/YouTube*, 4 février 2021) (36'18").
184. Galia Ackerman, dans l'émission « C dans l'air » du 28 janvier 2021, (« Poutine / Navalny : espion, poison et corruption #cdanslair 28.01.2021 », *France 5/Youtube*, 29 janvier 2021) (20'58").
185. mobile.twitter.com/27khv/status/1354130071381020673
186. Mash Vidéo, « Сказочный дворец: первая экскурсия по дворцу в Геленджике » (« Un palais de conte de fées : première excursion au palais de Gelendjik »), vidéo YouTube, 29 janvier 2021 (https://www.youtube.com/watch?v=vBcWdHe8j_g)
187. twitter.com/ValLisitsa/status/1355235937303879680
188. Lunimous Labs, « ARCH-VIZ ARTST Critiques Rendering of PUTIN's PALACE! », vidéo YouTube, 18 février 2021 (https://www.youtube.com/watch?v=FOWMgLre7j0).

Sur France 5, le correspondant du *Monde* à Moscou voit la zone d'exclusion aérienne « *juste au-dessus de la propriété* » comme une preuve que le « palais » appartient bien à Vladimir Poutine[189]. C'est là aussi de la désinformation.

En fait, le « palais » se trouve dans une zone frontière contiguë à l'OTAN, où la tension s'est accrue depuis 2008 (Géorgie), 2014 (Ukraine et Crimée) et 2015 (guerre en Syrie)[190]. Gelendjik se situe au bord de la mer Noire, pas loin de la frontière russo-géorgienne et à une quarantaine de kilomètres de la base navale de Novorossiisk. Or, non seulement cette base abrite une partie de la *Flotte de la mer Noire*, les principaux éléments de la 7e division aéroportée[191] et un régiment de défense aérienne[192], mais c'est aussi la principale base logistique[193] pour le contingent russe déployé en Syrie. En outre, à une cinquantaine de kilomètres derrière le site du « palais » se trouve la 10e brigade de forces spéciales (*spetsnaz*) (voir Figure 1).

C'est pourquoi l'OTAN mène une intense activité de renseignement électronique[194] dans cette zone, proche de l'Ukraine et de la Géorgie, notamment avec des appareils RC-135V/W *Rivet Joint*, E-3A AWACS et U-2S[195]. Ces vols de de reconnaissance de l'OTAN sont souvent des leurres qui visent à provoquer l'activité électro-

---

189. Benoît Vitkine dans l'émission « C dans l'air » du 28 janvier 2021, (« Poutine / Navalny : espion, poison et corruption #cdanslair 28.01.2021 », *France 5/Youtube*, 29 janvier 2021) (58'10").
190. Steven Horrell, « A NATO Strategy for Security in the Black Sea Region », *The Atlantic Council*, octobre 2016.
191. fi.pinterest.com/pin/235946467958184733/
192. www.pinterest.de/pin/235946467958177288/
193. Igor Sutyagin, « Detailing Russian Forces in Syria », *Royal United Services Institute (RUSI)*, 13 novembre 2015.
194. David Cenciotti, « Eyes On Crimea: U.S. Intelligence Gathering Aircraft Increasingly Flying Over the Black Sea », *The Avionist*, 6 avril 2018.
195. itamilradar.com

nique de la défense aérienne russe afin de la surveiller[196]. Pour le seul mois d'avril 2021, pas moins de quatre-vingt-trois vols de reconnaissance ont été menés par les forces aériennes américaines et de l'OTAN dans cette zone[197]. Les restrictions de l'espace aérien ne sont donc pas limitées au « palais de Poutine », mais concerne toute la région côtière et frontalière où se concentrent les installations électroniques pour la défense du flanc sud de la Russie. Mais évidemment, nos « experts » de « C dans l'air » masquent le contexte pour créer leur narratif...

L'information, relayée par Galia Ackerman sur la RTBF, selon laquelle la propriété est gardée par le FSB est tout aussi fallacieuse[198]. C'est un mythe qui découle de l'interpellation d'un groupe d'écologistes par une patrouille de garde-frontières dans cette zone, en 2011. Madame Ackerman utilise ici une technique de désinformation basée sur la confusion. Comme elle le sait, les garde-frontières constituent une administration distincte du FSB et n'ont rien à voir avec les services de sécurité : dans cette zone côtière proche de la Turquie et de la Géorgie, leur mission est de pourchasser la contrebande d'armes et de drogue.

Comme on le constate, la diffusion du film de Navalny est entourée de manipulations et de déformations de la réalité. De pseudo-experts assemblent des faits de manière à leur donner une cohérence (factice), afin de soutenir des préjugés et d'alimenter un discours de type propagandiste.

---

196. David Axe, « That U.S. Air Force B-52 Flying Over The Black Sea Was Bait For The Russians », *Forbes*, 30 août 2020
197. natsouth.livejournal.com/tag/black%20sea
198. D.F., « Le palais qui "n'appartient pas à Poutine" : comment le Kremlin tente de discréditer l'enquête de Navalny », *rtbf.be*, 31 janvier 2021.

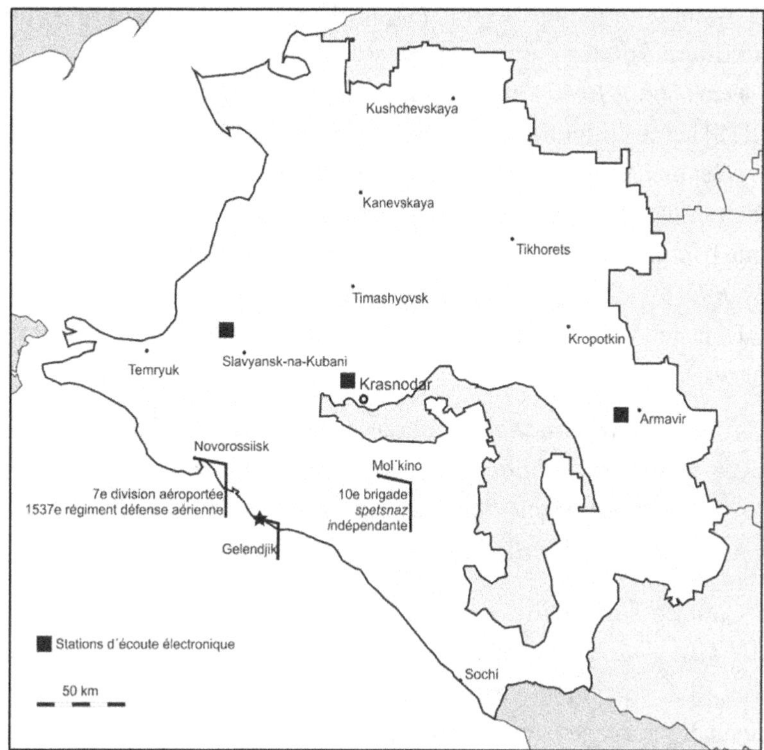

Figure 1 – Dispositifs militaires dans la zone proche de Gelendjik (où se situe le « palais de Poutine ») dans le district de Krasnodar. Cette zone proche de la frontière sud de la Russie comprend un grand nombre d'installations d'alerte lointaine et de détection avancée, et la base aéronavale de Novorossiisk.
C'est ce qui explique les restrictions de vol.

4.6. Arrestation de Navalny

À son retour en Russie, le 17 janvier 2021, les autorités russes interpellent Navalny. Les médias occidentaux omettent délibérément et systématiquement d'en expliquer les raisons, suggérant – voire affirmant – qu'il a été arrêté pour ses opinions politiques.

Dans son « *19:30* » du 23 janvier 2021, la *Radio Télévision Suisse* (RTS) laisse entendre qu'il a été emprisonné pour avoir diffusé « *des révélations sur une résidence secrète de Vladimir Poutine [...] estimé[e] à un milliard et demi de francs* »[199] et récidive le 7 février en affirmant que l'opposant a été « *condamné à la prison ferme pour avoir défié le Kremlin* »[200]. C'est de la désinformation.

Dans le même esprit, le 2 février, le président Emmanuel Macron tweete :

> *La condamnation d'Alexeï Navalny est inacceptable. Un désaccord politique n'est jamais un crime. Nous appelons à sa libération immédiate. Le respect des droits humains comme celui de la liberté démocratique ne sont pas négociables.*[201]

Comme son maître à penser Donald Trump, Macron répand des *fake news*. En fait, Navalny n'a pas été condamné une nouvelle fois, mais son sursis a été révoqué. Le 4 février, Joe Biden, que l'on pensait plus sage et plus réfléchi que Donald Trump, suit la même voie que son prédécesseur lors de la présentation de sa politique étrangère :

> *M. Navalny, comme tous les citoyens russes, a droit à ses droits en vertu de la Constitution russe. Il a été visé pour avoir dénoncé la corruption. Il devrait être libéré immédiatement et sans condition.*202

---

199   www.rts.ch/play/tv/19h30/video/19h30?urn=urn:rts:video:11919988
200. rts.ch/play/tv/redirect/detail/11956261?startTime=1866
201. twitter.com/EmmanuelMacron/status/1356676542257102853
202. *Remarks by President Biden on America's Place in the World*, The White House, 4 février 2021.

Affirmer que l'arrestation est liée à un « *désaccord politique* », au fait qu'il a « *dénoncé la corruption* », ou dire qu'elle est « *arbitraire* », comme l'affirme Jean-Yves Le Drian[203] est tout simplement un mensonge. Mais c'est ce qui pousse l'Union Européenne à exiger sa libération immédiate[204].

Un narratif occidental se développe autour de l'affirmation que Navalny est un « *prisonnier de conscience* ». La *BBC*[205] et la *Télévision Suisse*[206] le comparent à Nelson Mandela. Pourtant, le 21 février 2021, *Amnesty International* retire à Navalny son statut de « *prisonnier de conscience* », car « *il s'est fait avocat de la violence et de la discrimination et n'a jamais retiré ses déclarations* »[207]. Par ailleurs, ironie du sort, Mandela est resté sur la liste américaine des terroristes jusqu'en 2008, soit neuf ans après qu'il a été élu président de l'Afrique du Sud[208] !...

La décision d'*Amnesty* est une douche froide pour les Occidentaux et les partisans de Navalny, et les pressions pour qu'elle soit annulée sont énormes. Le 7 mai, l'ONG revient donc sur sa décision et explique[209] :

---

203. *Déclaration de M. Jean-Yves Le Drian, ministre de l'Europe et des Affaires étrangères, en réponse à une question sur la situation en Russie de M. Alexeï Navalny, à l'Assemblée nationale le 26 janvier 2021*, Vie-publique.fr, 26 janvier 2021.

204. Sam Meredith, « U.S., European officials condemn arrest of poisoned Putin critic Alexei Navalny, as calls grow for his immediate release », CNBC, 18 janvier 2021 ; « Detention Of Kremlin Critic Navalny Sparks Strong Condemnation, Demands For His Immediate Release », *RFE/RL*, 18 janvier 2021.

205. « Alexeï Navalny: le Nelson Mandela de la Russie ? », revue de presse internationale, *franceculture.fr*, 19 juillet 2013/

206. « Poutine-Navalny, le duel », émission « *Géopolitis* » *du 21 février 2021, RTS.ch*, 21 février 2021 (08'05").

207. Sarah Rainsford, « Amnesty strips Alexei Navalny of "prisoner of conscience" status », *BBC News*, 23 février 2021.

208. Mark Karlin, « Nelson Mandela Was Only Removed From the US Terrorist List in 2008 », *Truthout.org*, 6 janvier 2014.

209. « Statement on Alexei Navalny's status as Prisoner of Conscience », *Amnesty International*, 7 mai 2021

Cela signifie qu'en confirmant le statut de Navalny en tant que prisonnier d'opinion, nous n'approuvons pas son programme politique, mais soulignons qu'il est urgent que ses droits, y compris l'accès à des soins médicaux indépendants, soient reconnus et appliqués par les autorités russes.

Alexeï Navalny n'a été emprisonné pour aucun crime reconnaissable, mais pour avoir réclamé le droit à une participation égale à la vie publique pour lui-même et ses partisans, et pour avoir exigé un gouvernement exempt de corruption. Ce sont des actes de conscience et doivent être reconnus comme tels.

Cette décision ne résulte donc pas d'une réévaluation de la nature des opinions de Navalny, mais du simple fait de son incarcération, dont on adapte les raisons.

Car à la suite de son inculpation dans le cadre du litige avec la société française *Yves Rocher*, Navalny a été placé sous contrôle judiciaire, au terme duquel il avait l'obligation de s'annoncer deux fois par mois à l'autorité pénitentiaire russe, jusqu'à la fin de sa période probatoire (30 décembre 2020).

C'est parce que Navalny n'a pas respecté cette obligation, qu'il a été arrêté. Naturellement, on évite soigneusement de mentionner que Navalny a déjà enfreint six fois cette règle en 2020 (deux fois en janvier, une fois en février, mars, juillet et août), mais que les autorités russes se sont alors montrées clémentes. Comme le constate d'ailleurs Jean-Didier Revoin, correspondant de la *Télévision Suisse* à Moscou, Navalny « *n'a jamais été condamné à une peine de prison ferme, contrairement à de nombreux autres opposants* »[210]. Ainsi, malgré ses multiples infractions, et contrairement à ce que l'on prétend en

---

210. www.rts.ch/play/tv/19h30/video/19h30?urn=urn:rts:video:11919988&start-Time=285

Occident, Navalny a bénéficié d'une clémence inhabituelle. Au point, d'ailleurs, que certains (complotistes) en Russie pensent qu'il est utilisé par le Kremlin pour affaiblir les principaux partis d'opposition.

Pour affirmer que la révocation de son sursis est de nature politique, on affirme que Navalny était dans l'impossibilité physique de remplir ses obligations. *France 24* déclare qu'il n'a pas pu le faire « *parce qu'il était tout simplement hospitalisé en Allemagne* »[211]. *France 5* explique qu'« *il était dans le coma* »[212], et la *Télévision Suisse* qu'« *il était en convalescence en Allemagne après son empoisonnement* »[213]. C'est faux.

Tout d'abord, son obligation de s'annoncer a été suspendue par les autorités russes pour la durée de son hospitalisation à Berlin. Par ailleurs, le rapport des médecins de l'hôpital de la Charité, publié le 22 décembre 2020, atteste de sa sortie de l'hôpital le 23 septembre 2020[214] et de la fin de ses symptômes le 12 octobre 2020[215].

À sa sortie de l'hôpital, Navalny fait une rapide excursion à Bâle, en Suisse. Le 1er octobre, il donne une interview au *Spiegel* en Allemagne[216]. Le 14 octobre, il s'envole sous la protection du *Landeskriminalamt* (LKA) de Bade-Wurtemberg pour Ibach, au sud de l'Allemagne, où il passera quelques jours de remise en forme[217]. Le 27 novembre, il s'exprime en téléconférence devant

---

211. https://youtu.be/u589gXqN9ZE?t=151
212. « Navalny peut-il faire tomber Poutine ?#cdans lair 03.02.2020 », *France 5/YouTube*, 4 février 2021 (15'10").
213. Journal de 19:30, Télévision Suisse Romande, 18 janvier 2021
214. « Alexei Navalny: Russian activist discharged from Berlin hospital », *BBC News*, 23 septembre 2020.
215. « Russia gives Kremlin critic Navalny an ultimatum: Return immediately or face jail », *Reuters*, 28 décembre 2020.
216. Benjamin Bidder, Christian Esch, « Es war kein Schmerz, es war etwas Schlimmeres » (« Ce n'était pas la douleur, c'était quelque chose de pire »), *Der Spiegel*, 1er octobre 2020.
217. « Sportstudent Björn machte Nawalny nach dem Giftanschlag wieder fit » (L'étudiant en sport Björn a remis en forme Navalny après la tentative d'empoisonnement »), *rtl. de*, 15 février 2021.

les parlementaires européens pour réclamer des sanctions contre la Russie[218]. Le 28 décembre, Navalny s'envole pour un séjour balnéaire aux Canaries, décidé inopinément contre l'avis de ses gardes du corps allemands[219]. De retour à Kirchzarten, il participe à la réalisation de son film, jusqu'au 13 janvier[220], avant de repartir pour la Russie le 17 janvier[221]. Tout semble donc montrer que Navalny aurait été en mesure de rentrer en Russie pour remplir ses obligations judiciaires, et que nos médias ont joué avec les faits... La Charte de Munich n'est qu'un lointain souvenir !

Le 28 décembre, les autorités pénitentiaires russes adressent à Navalny un avertissement (avec copie à son avocat et à son attaché de presse) afin qu'il se présente[222], mais il passe outre. C'est pourquoi, les autorités pénitentiaires russes ne pouvaient guère ignorer cette nouvelle infraction fortement médiatisée de presque trois mois, et ont révoqué son sursis. Navalny espérait sans doute bénéficier une fois de plus de la clémence des autorités ; mais avec la diffusion de son film, et ses appels à des sanctions contre la Russie, c'était probablement naïf de sa part... Car dans ces conditions, même si les autorités russes avaient voulu faire preuve – une fois de plus – de mansuétude à son égard, cela aurait été incompréhensible pour l'opinion publique russe.

Navalny ne s'est pas vraiment « *jeté dans la gueule du loup* ». Deux facteurs pourraient avoir joué dans sa décision.

---

218. David M. Herszenhorn, « Navalny urges EU to sanction Russian oligarchs in Europe », *Politico.eu*, 27 novembre 2020.
219. « Nawalny – Krach mit den Leibwächtern » (Navalny : querelle avec ses gardes du corps »), *FOCUS Magazin*, 3/2021, 23 janvier 2021.
220. Alexei Makartsev, Georg Rudiger, *op. cit.*
221. Ralf Deckert, « Palast-Video in Blackforest Studios produziert », *schwarzwaelder-bote.de*, 22 janvier 2021
222. « Press release on Russian-German contacts on the "Alexey Navalny case" », *Ministère russe des Affaires étrangères*, 1er février 2021.

Le premier est qu'il a probablement été induit en erreur par les élites européennes qu'il a rencontrées en Allemagne, persuadées qu'il représente un courant majoritaire en Russie. Ainsi, Pascal Boniface affirme : « *Quand on voit le luxe de précautions qu'ils prennent pour l'empêcher de parler, eh bien on voit qu'il n'est pas dénué d'influence.* »[223] Pourtant, après son interpellation le 17 janvier, en fait de « *luxe de précautions* », la police lui laisse son téléphone portable, avec lequel il se filme dans le commissariat[224]. En fait, en prenant leurs désirs pour des réalités, les Occidentaux ont conduit Navalny à surestimer la mobilisation en Russie à son retour, et sont probablement – paradoxalement – à l'origine de l'échec de leur propre stratégie, comme nous le verrons.

Le second est qu'il ne pouvait pas vraiment éviter de rentrer en Russie, car c'est politiquement sa « raison d'être » : déjà peu célèbre en Russie, il perdrait une grande partie de son soutien en restant à l'étranger. On pourrait sans doute même imaginer que, si vraiment le « pouvoir » russe avait voulu s'en débarrasser, il aurait suffi de ne pas le laisser rentrer en Russie, voire le déchoir de sa nationalité...

Après confirmation de sa peine, Navalny a été conduit à la prison d'arrêt SIZO-1 de Moscou[225], puis est transféré en février, dans la colonie pénitentiaire n° 2 (FKU N°2) à Pokrov, à l'est de Moscou[226].

---

223. Pascal Boniface, vidéo « Alexeï Navalny : emprisonné mais pas bâillonné », *YouTube*, 25 janvier 2021 (03'00").
224. Dpa/AFP, « Navalny decries "mockery of justice" at rushed hearing », *dw.com*, 18 janvier 2021.
225. fsin-atlas.ru/catalog/object/matrosska/
226. Alexeï Ivanov, « Навальный найден в Петушинском районе Владимирской области » (« Navalny est dans la région de Vladimir, dans le raïon Petouchinski »), *zavtra.ru*, 27 février 2021.

5. Perceptions et conséquences de l'affaire en Russie

5.1. L'empoisonnement

L'annonce d'un empoisonnement de Navalny a très rapidement et massivement mobilisé les médias. Les Occidentaux se sont réjouis de cet incident qui confirmait leurs préjugés sur Vladimir Poutine, et les parlementaires européens n'ont retenu qu'une seule cause possible au malaise de Navalny : la tentative d'assassinat, malgré le fait que l'Allemagne ne l'a *pas* formellement déclaré.

En Russie, en revanche, où l'on dit le gouvernement détesté par sa population, l'opinion publique s'est interrogée sur l'incident lui-même et sur l'empressement occidental à condamner la Russie. Avec bon sens, elle y a vu plusieurs causes possibles. Comme le montre l'enquête du *Centre Levada*, effectuée juste après la conversation téléphonique de Navalny avec un « agent du FSB » (voir Tableau 3).

Perception des causes possibles de l'empoisonnement de Navalny

Il n'y a pas eu d'empoisonnement, c'est une mise en scène	30 %
C'est une provocation des services spéciaux occidentaux	19 %
C'est une tentative des autorités d'éliminer un opposant politique	15 %
C'est une vengeance personnelle de personnes impliquées dans ses enquêtes	7 %
C'est une lutte au sein de l'opposition russe	6 %
Problèmes de santé, empoisonnement accidentel, intoxication commune	1 %
Autre	4 %
Il est difficile de répondre	19 %

Tableau 3 – Sondage effectué par le Centre Levada sur la perception de l'empoisonnement de Navalny en Russie. [Source : « Отравление Алексея Навального » (« Empoisonnement d'Alexeï Navalny »), levada.ru, 24 décembre 2020.]

Comme on le constate, seuls 15 % des Russes envisagent qu'il puisse s'agir d'une tentative d'élimination par le gouvernement russe, tandis que 67 % y voient une autre cause. La multiplication des attaques contre la Russie par des politiciens européens, comme Donald Trump ou Emmanuel Macron, a créé un bruit de fond qui décrédibilise les attaques elles-mêmes et démobilise les citoyens russes. Ce phénomène va même plus loin : Navalny est considéré par beaucoup comme une marionnette de l'Occident, voire comme un traître, et son discours n'est simplement pas écouté. On assiste donc à un phénomène asymétrique : plus l'Occident tente de promouvoir Navalny, moins il est crédible.

Cela explique que la perception de l'affaire Navalny y est à l'opposé de ce que nous présentent les médias occidentaux. Ainsi, les sondages effectués par l'institut indépendant VTsIOM à la fin août 2020 – *après* la tentative « d'empoisonnement » – montrent une légère augmentation de l'approbation de l'action du président Poutine (voir Tableau 4 et Tableau 5).

Approbation de l'action du gouvernement russe et de Vladimir Poutine

	22-28.06.20	29.06-05.07.20	06-12.07.20	13-19.07.20	20-26.07.20	27.07-02.08.20	03-09.08.20	10-16.08.20	17-23.08.20	24-30.08.20
Président de Russie	64,9	64,2	63,6	61,2	61,5	60	60,3	60,5	61,9	62,3
Chef du gouvernement de Russie	39,4	40	38,8	39	41,5	41,1	40,8	40,4	43,9	42,6
Gouvernement de Russie	38,4	38,4	36,2	36,4	37	36,8	35,5	34	36,9	36,3

Tableau 4 – Réponses à la question « Approuvez-vous l'action du... [président de la Russie, Premier ministre de la Russie, gouvernement russe] ? » On constate que la médiatisation de « l'empoisonnement » de Navalny n'a eu aucun effet, et que l'approbation de Poutine a même augmenté. [Source : Рейтинги доверия политикам, оценки работы президента и правительства, поддержка политических партий (Confiance dans les politiciens, évaluation du président et des performances du gouvernement, soutien aux partis politiques), wciom.ru, 4 septembre 2020.]

Au début 2021, le *Centre Levada* observe un léger regain de popularité de Navalny, qui passe de 2 % en novembre 2020 à 5 % en janvier 2021, tandis que l'approbation de l'action de Poutine baisse de 65 % à 64 %. Mais en février, Navalny descend à 4 % et Poutine remonte à 65 %. Par comparaison, Emmanuel Macron n'a alors que 36 % d'avis positifs[227]. Ainsi, les efforts occidentaux pour présenter la Russie comme un État totalitaire se heurtent à un soutien populaire au gouvernement beaucoup plus large qu'en France.

---

227. Grégoire Poussielgue, « Macron fait une percée chez les jeunes », *lesechos.fr*, 4 février 2021 (mis à jour le 5 février 2021).

Approbation de l'action de Vladimir Poutine

	août 2020	sept. 2020	oct. 2020	nov. 2020	janv. 2021	févr. 2021
J'approuve	66	69	68	65	64	65
Je n'approuve pas	33	31	30	34	34	34
Je ne peux pas répondre	1	1	1	1	2	2

Tableau 5 – Approbation de l'action de Vladimir Poutine (en %). [Source : « The approval of institutions and trust to politicians », Centre Levada, 26 février 2021.]

5.2. Réception du film *Le Palais de Poutine*

La diffusion du film réalisé en Allemagne à la fin 2020 a eu un retentissement mondial. Bénéficiant de la promotion des médias occidentaux, il a très rapidement atteint plus de 100 millions de vues en moins de dix jours. En quarante-huit heures, le film a totalisé 50 millions de vues et 17,4 millions d'heures de visionnage[228]. Naturellement, personne n'a vraiment analysé la genèse de ce nombre astronomique. Il est donc difficile d'entrer dans le détail, mais on constate *qu'en moyenne* les internautes n'ont vu que 18 % du film. Selon le *Centre Levada*, seulement 26 % des personnes interrogées l'ont vu en Russie (voir Figure 2).

Ces données interrogent car, manifestement, une grande partie de ces visionnages a été de très courte durée. Par comparaison, on observe que la vidéo de McFly et Carlito, faite à la demande d'Emmanuel Macron, a été vue 10 millions de fois en deux jours,

---

228. intellinews.com/navalny-s-putin-s-palace-expose-passes-50mn-views-in-two-days-his-most-popular-video-ever-201021/

grâce à l'intervention de bots[229]. Compte tenu des moyens engagés pour sa réalisation et l'importance politique qu'on lui a accordée en Occident, on peut donc raisonnablement penser qu'il en a été de même pour le film de Navalny, mais en l'absence d'études sérieuses, nous laisserons nos conclusions en suspens.

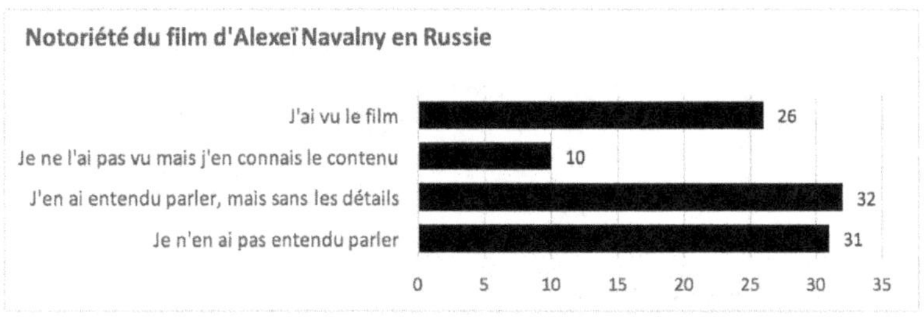

Figure 2 – Réponses à la question « Avez-vous entendu parler du film d'Alexeï Navalny, Le Palais de Poutine » ? (en %). [Source : « The film "Palace for Putin" », Centre Levada, 8 février 2021.]

En fait, la perception du film en Russie a souffert de la notoriété exagérée qu'il a eue au niveau mondial. Le contraste avec l'image déplorable des États-Unis à la même époque et l'incapacité à gérer la crise de la Covid en Occident ont mis en évidence l'exploitation « propagandiste » de l'opposant russe.

Quant à la perception de Vladimir Poutine, on constate que pour la majeure partie des personnes interrogées (77 %), elle est restée inchangée (voir Figure 3). Les 17 % qui ont perçu une détérioration semblent hors de proportion avec le battage médiatique qui a entouré la diffusion du film.

---

229. Blast, « Macron, Mcfly et Carlito : des faits troublants derrière l'opération de propagande », *YouTube*, 5 mars 2021 (https://www.youtube.com/watch?v=d4mwwFsfYvI).

5. Perceptions et conséquences de l'affaire en Russie

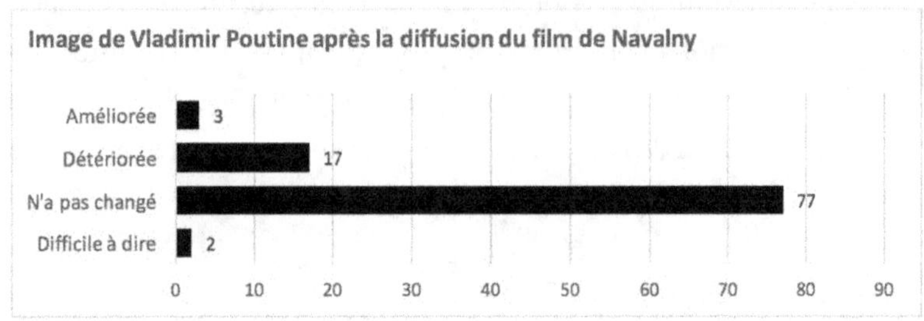

Figure 3 – Réponses à la question « Votre impression de Vladimir Poutine a-t-elle changé après le film ? » (en %). [Source : « The film "Palace for Putin" », Centre Levada, 8 février 2021.]

5.3. Les manifestations de janvier 2021

La diffusion du film est suivie, le 23 janvier 2021, par des manifestations dans les grandes villes de Russie. Elles ont tourné en boucle sur les médias occidentaux, qui y voient un succès pour Navalny. C'est certainement un coup médiatique, mais y voir un succès est probablement aller un peu vite en besogne.

Premièrement, l'écho disproportionné qu'ont eu ces manifestations dans les médias occidentaux, a donné à beaucoup de Russes le sentiment qu'elles servaient des intérêts occidentaux, et masquaient les manifestations dans leurs propres pays (pour l'application des mesures sanitaires, la sécurité globale, etc.). Deuxièmement, les États-Unis ont très largement surestimé le soutien populaire à Navalny, comme en témoigne la publication des parcours des manifestations par l'ambassade américaine de Moscou, le 22 janvier, pour avertir ses ressortissants[230]. Troisièmement, les tweets[231] et la diffusion de messages

---

230. ru.usembassy.gov/demonstration-alert-u-s-mission-russia-5/
231. twitter.com/sbg1/status/1352963201168789505

de soutien[232] aux manifestants par les membres du personnel diplomatique (voir annexe 5) ont été perçus – à tort ou à raison – comme une forme d'ingérence, et ont donné le sentiment que Navalny était « piloté » de l'extérieur, contribuant ainsi à le décrédibiliser.

Pascal Boniface y a vu des manifestations « *brutalement réprimées* », et des « *matraques contre boules de neige* »[233]. Or, si les manifestants russes sont à l'évidence moins brutaux que leurs homologues français, il en est de même pour les policiers russes, qui semblent mieux se maîtriser que leurs collègues français. De fait, on n'a pas vu de tirs de LBD au visage, ni de mains arrachées par des grenades de désencerclement, ni les éborgnements que l'on tente de cacher en France[234], et qui lui valent d'être épinglée par la Haut-Commissaire des Nations unies pour les droits humains, pour un « *usage violent et excessif de la force* »[235], avec le Soudan, le Zimbabwe et Haïti (et pas simplement « *comme pays prospère* », ainsi que le prétend le journal *Libération* !*[236]). En fait, les manifestations en Russie (comme celles de Hong Kong et d'ailleurs), qui tournent en boucle sur nos écrans, permettent de masquer les manifestations de Gilets jaunes ou contre la « sécurité globale », qui, elles, ont disparu des médias publics, tandis que la diffusion d'images de brutalités[237] policières est réprimée... Ce que

---

232. twitter.com/Joyce_Karam/status/1353062682019028994
233. Vidéo « Alexeï Navalny : emprisonné mais pas bâillonné », *Pascal Boniface/YouTube*, 25 janvier 2021 (00'55")
234. Frédéric Lemaire, Julien Baldassarra, « Vidéos de violences policières : *Le Parisien* lave plus blanc », *acrimed.org*, 19 janvier 2021.
235. « High Commissioner Bachelet calls on States to take strong action against inequalities », 40th session of the UN Human Rights Council in Geneva, *ohchr.org*, 6 mars 2019.
236. AFP, « Gilets jaunes : l'ONU réclame une enquête sur "l'usage excessif de la force", le gouvernement réplique », *Libération*, 6 mars 2019.
237. Mélanie Vecchio, Clément Boutin, « "Sécurité globale" : ouverture d'une enquête après la diffusion d'images d'un policier frappant un manifestant à Paris », *BFM TV*, 30 janvier 2021.

les médias appellent « interpellations » en France deviennent des « arrestations » en Russie. Nos médias apparaissent plus comme des organes d'influence que des organes d'information...

Quant aux chiffres de la participation à ces manifestations, les médias occidentaux s'en sont donnés à cœur joie : là-bas comme chez nous, ces chiffres sont difficilement vérifiables et l'objet de manipulations les plus diverses. Selon l'organisation de Navalny, il y aurait eu 250 000 manifestants dans toute la Russie. Mais le média russe indépendant *Znak* donne des estimations probablement plus réalistes (voir Tableau 6).

Nombre de manifestants en Russie le 23 janvier 2021

	Participation : estimation indépendante	Participation : estimation des autorités	Interpellations	Participation en % de la population
Moscou	15 000	4 000	300	0,13
Saint-Pétersbourg	10 000	-	162	0,2
Iekaterinbourg	5 000	3 000	14	0,4
Novossibirsk	4 000	-	90	0,3
Vladivostok	3 000	500	35	0,5
Krasnoïarsk	3 000	-	46	0,3
Tioumen	800		3	0,12
Omsk	2 000	-	18	0,17
Irkoutsk	2 000	-	6	0,3
Tcheliabinsk	2 500	900	33	0,2
Barnaul	1 500	-	3	0,2
Khabarovsk	1 000	250	28	0,17
Total	49 800		738	0,25

Tableau 6 – Participation aux manifestations du 23 janvier 2021. [Source : znak.ru]

En réalité, le soutien à Navalny est moins populaire que les médias occidentaux ne le laissent supposer. Sur *France 5*, Bernard Guetta voit un « *mouvement d'ampleur* »[238] dans ces manifestations. C'est faux. Une enquête du *Centre Levada* montre que la perception des manifestants de janvier 2021 s'est même dégradée par rapport aux manifestations précédentes (voir Figure 4), notamment celles de Khabarovsk contre l'arrestation du gouverneur pour meurtre[239]. Ceci s'explique, entre autres, par le fait que l'opposition associée à Navalny est loin d'être démocratique et unifiée : elle regroupe des factions disparates de l'opposition non parlementaire, allant de l'extrême droite à l'ancien parti communiste stalinien[240]. Quant à sa composition et à sa popularité, cette « opposition » tient plus des émeutiers du Capitole, le 6 janvier à Washington, que des Gilets jaunes.

Image des manifestants de janvier 2021

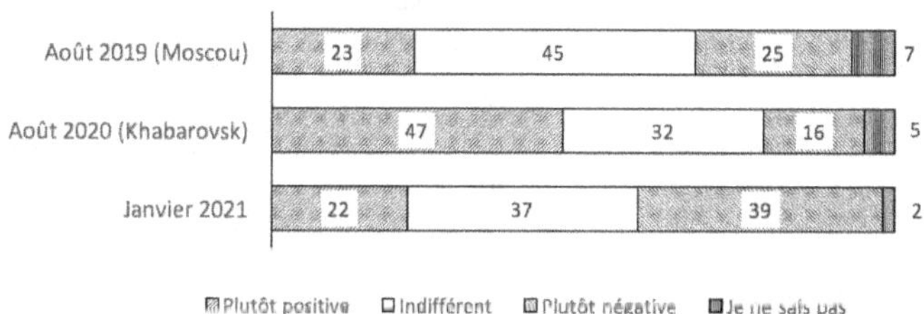

Figure 4 - – Enquête du Centre Levada sur la perception des manifestants de janvier 2021 [en %]. [Source : « January protests », Centre Levada, 11 février 2021.]

---

238. Bernard Guetta dans l'émission « Le 5 sur 5 ! », « Le 5 sur 5 ! - C à Vous - 03/02/2021 », *France 5/YouTube*, 3 février 2021 (17'07").

239. AFP, « Nouvelle manifestation en Russie contre l'arrestation du gouverneur de Khabarovsk », *Le Monde*, 1er août 2020.

240. « Дубинки вместо диалога – попрание прав народа! Заявление Московского городского комитета КПРФ » (« Des matraques au lieu du dialogue – le piétinement des droits des personnes ! Déclaration du comité moscovite du parti communiste de la fédération de Russie »), Service de presse, Comité municipal du parti communiste, Moscou, 24 janvier 2021.

D'ailleurs, la mobilisation de janvier ne s'est pas vraiment faite autour de l'affaire Navalny, mais autour de problèmes économiques. En effet, même si la Russie a proportionnellement moins souffert de la crise de la Covid que les pays occidentaux, l'état général de son économie est faible et se traduit notamment par une détérioration du niveau de vie. Comme le montre l'enquête du *Centre Levada* (voir Figure 5), cette situation engendre un mécontentement qui pousse des individus à manifester sans lien avec l'affaire Navalny, et auquel ce dernier n'apporte pas de réponses.

Figure 5 – Enquête du Centre Levada sur la motivation des manifestants de janvier 2021 (en %). [Source : « January protests », Centre Levada, 11 février 2021.]

Le bilan des manifestations de janvier est décevant pour les partisans de Navalny : ils s'attendaient à un soulèvement massif de la population, mais ils ne réussissent qu'à en mobiliser une fraction, dont une grande majorité d'adolescents. Les médias occidentaux attribuent l'essoufflement des manifestations à la peur du gouvernement, mais en fait, les manifestants rencontrent une désapprobation croissante dans l'opinion publique. Le 4 février

2021, cela conduit Leonid Volkov, second de Navalny, à demander à ses militants de cesser de manifester jusqu'au printemps[241]. Clairement, la stratégie adoptée est contre-productive, mais les Occidentaux, aveuglés par leur propre perception de la situation poussent dans la mauvaise direction. Comme le constate *Radio Free Europe/Radio Liberty*[242], il faut une nouvelle stratégie. Celle-ci est discutée le 8 février à Bruxelles, lors d'une réunion entre les représentants des pays de l'Union européenne, les États-Unis, le Canada, le Royaume-Uni, l'Ukraine, ainsi que Leonid Volkov et Vladimir Achourkov, autre collaborateur de Navalny[243].

Cela démontre – s'il le fallait encore – qu'il y a un travail actif d'ingérence occidentale associé au mouvement de Navalny. Le problème est qu'à force de s'acharner de cette manière, les Occidentaux provoquent un phénomène semblable aux conflits asymétriques : au lieu de provoquer la critique contre le gouverne-ment, ils stimulent le sentiment national et renforcent la méfiance à l'égard de Navalny. La stratégie occidentale est en décalage par rapport à la réalité russe.

La nouvelle stratégie est annoncée le 23 mars sur le site de Navalny : les manifestations reprendront dès lors que 500 000 personnes sont inscrites pour y participer[244]. Une semaine plus tard, Navalny entame une grève de la faim, probablement pour catalyser la déter-mination de ses partisans. Il en résulte une détérioration de son état de santé. Le 18 avril, son entourage déclare que « sa vie ne tient qu'à un fil », et annonce de grandes manifestations pour le 21. À ce stade,

---

241. « Navalny's team suspends further protests until the spring, refocusing on campaign efforts ahead of Russia's fall parliamentary elections », *meduza.io*, 4 février 2021
242. « Navalny Team Switches Tactics In Call For New Protest In Russia », *Radio Free Europe/Radio Liberty*, 9 février 2021.
243. twitter.com/PLPermRepEU/status/1358753978750808067
244. « Как освободить Навального. Наш план » (« Comment libérer Navalny. Notre plan »), *navalny.com*, 23 mars 2021.

5. Perceptions et conséquences de l'affaire en Russie

il y a une peu plus de 466 000 inscrits. Navalny est transféré dans un hôpital pénitentiaire le 19 avril, ses médecins civils peuvent le visiter le 21.

Finalement, on ne connaît pas les chiffres réels de la participation à ces manifestations. *Reuters* évoque environ 10 000 personnes à Moscou et 7 000-9 000 à Saint-Pétersbourg[245], le ministère de l'Intérieur donne évidemment des chiffres un peu inférieurs, la vérité se situant vraisemblablement entre les deux. Dans tous les cas, la participation semble avoir été très inférieure aux manifestations de janvier.

Des manifestations auxquelles nos médias donnent un retentissement mondial ne rassemblent donc qu'une fraction du nombre de participants que le mécontentement pousse dans les rues chaque semaine en France. En fait, comme n'importe quel peuple, les Russes refusent l'ingérence étrangère dans leurs affaires, et la sottise occidentale n'aboutit à aucune amélioration sur place...

5.4. L'image de Navalny

En fait, le « succès » de Navalny est également la raison pour laquelle il ne jouit pas d'une vraie crédibilité en Russie : pour beaucoup de Russes, il est une marionnette de l'Occident. Le problème est que nos médias nous en présentent une image débarrassée de toutes les informations qui pourraient contredire nos préjugés.

Le 3 février, dans l'émission « *C dans l'air* », sur *France 5*, François Clémenceau affirme que le film a renforcé l'image de Navalny[246].

---

245. Polina Ivanova, Maria Tsvetkova, Polina Nikolskaïa, « Russia arrests over 1,700 at rallies for hunger-striking Navalny », *Reuters*, 22 avril 2021.
246. François Clémenceau dans l'émission « C dans l'air » du 3 février 2021, (« Navalny peut-il faire tomber Poutine ? #cdanslair 03.02.2020 », *France 5/YouTube*, 4 février 2021) (24'35")

L'affirmation semble logique, mais elle est fausse. Car évidemment, à aucun moment dans l'émission on n'évoque le « débunkage » du film mis en ligne quelques jours auparavant[247]. Or, celui-ci a non seulement montré que le film était un mensonge, mais également mis en évidence le travail considérable de modélisation 3D qu'il a nécessité... et qu'il a fallu payer ! Or, ce soutien financier occidental[248] est perçu comme une forme de trahison.

C'est pourquoi, après avoir brièvement augmenté de trois points par rapport à novembre 2020 pour atteindre son maximum absolu de 5 %, la popularité de Navalny est redescendue à 4 % en février[249]. Ce qui est logique, puisqu'elle vient du battage médiatique sur les réseaux sociaux *Telegram* et *TikTok*, où se trouvent les 18-24 ans qui constituent l'essentiel de son audience (voir Figure 7). Ce soutien lui-même est une illusion d'optique, car c'est la catégorie dont la conscience politique est la plus faible et qui vote le moins[250]. De plus, non seulement le nombre de personnes qui approuvent l'action de Navalny a diminué, mais ceux qui la désapprouvent sont passés de 50 % à 56 %. Ainsi, le « succès » que l'on nous présente en Occident est plutôt un échec en Russie même.

---

247. vidéo « Putin's Palace? Navalny's Exposé "Palace" Is Just An Unfinished Hotel Project », *YouTube*, 30 janvier 2021 (https://www.youtube.com/watch?v=Hz3immwPJBE).
248. https://www.ned.org/region/eurasia/russia-2020/
249. « The approval of institutions and trust to politician », *Centre Levada*, 26 février 2021.
250. www.statista.com/statistics/1099725/russia-constitutional-referendum-participation-intention-by-age/

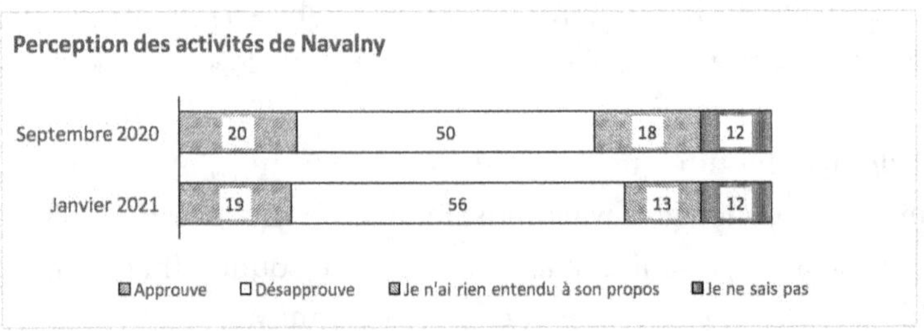

Figure 6 – Perception de l'action de Navalny. [Source : « The return of Alexeï Navalny », Centre Levada, 8 février 2021.]

Les émissions « *C dans l'air* » ou « *C à vous* » sur France 5, qui présentent une réalité relativement objective sur les affaires intérieures françaises, basculent dans la propagande grossière et souvent dans la désinformation lorsqu'elles traitent de la Russie, de la Chine, du Moyen-Orient, du terrorisme et des sujets qui leurs sont connexes.

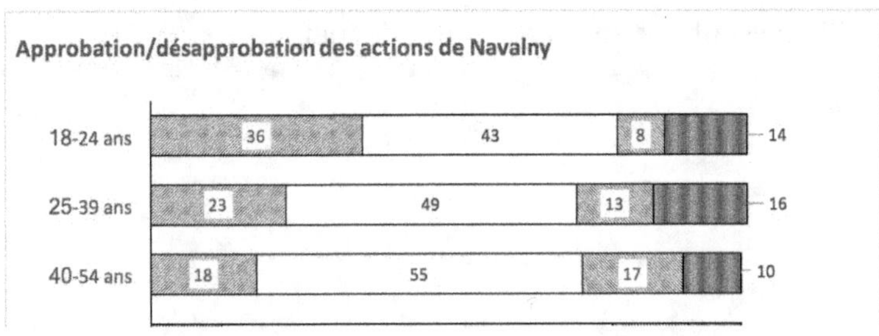

Figure 7 – Approbation / désapprobation des actions de Navalny selon les classes d'âge (en %). [Source : « The return of Alexey Navalny », Centre Levada, 8 février 2021.]

Parmi les facteurs qui contribuent à décrédibiliser Navalny, il y a de manière assez paradoxale, la relative clémence dont il a bénéficié en Russie. Car, nous l'avons vu, contrairement à ce que l'on raconte en Occident, les autorités ont eu la main relativement légère avec ses incartades, pour ne pas donner prise aux accusations occidentales. Au point que certains, en Russie, y voient même le signe d'une collusion entre Navalny et le pouvoir russe, dans le but de discréditer l'opposition... Ce qui est une autre manifestation du complotisme.

En février 2021, Navalny comparait une nouvelle fois devant un tribunal : il fait l'objet d'une plainte en diffamation par Ignat Sergueïevitch Artemenko, vétéran de la Seconde Guerre mondiale de 95 ans, qu'il a insulté publiquement. L'incident semble anecdotique, mais a eu un effet désastreux dans l'opinion publique. Car en Russie, les vétérans de la « Grande guerre patriotique » sont vénérés comme des sauveurs de la nation face au nazisme. Cette affaire est encore en cours, mais elle a très largement contribué à décrédibiliser Navalny dans l'opinion publique russe[251].

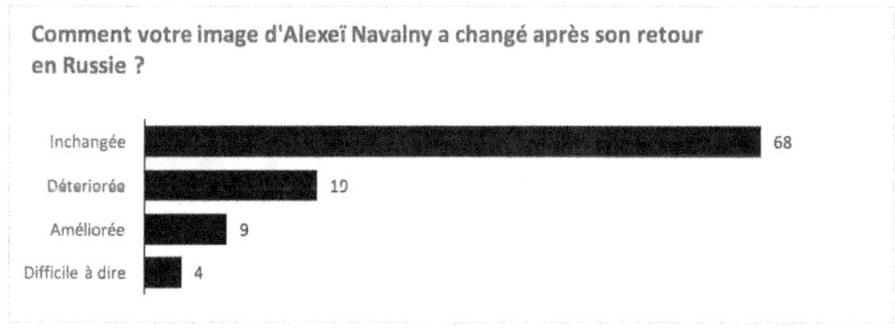

Figure 8 – [Source : « The return of Alexey Navalny », Centre Levada, 8 février 2021.]

---

251. Mark Episkopos, « What the Navalny Affair Actually Means for Russia », *The National Interest*, 12 février 2021.

6. Navalny au service
de la politique américaine

En été 2020, sous le titre « *Pinning Down Putin* » (« *Epingler Poutine* ») dans la revue *Foreign Affairs*[252], l'ambassadrice Victoria Nuland[253], aujourd'hui *sous-secrétaire d'État aux affaires politiques* de Joe Biden, esquisse ce que devrait être la politique américaine pour affaiblir la Russie. Sans mentionner une seule fois les droits de l'Homme ou l'État de droit, elle y défend le principe d'intervention dans la politique intérieure et l'économie russes. Bien que démocrate, elle relaie les grands axes de la politique étrangère américaine telle qu'elle est alors pratiquée par Donald Trump.

C'est dans ce contexte que Navalny est devenu – probablement malgré lui – l'instrument de la politique américaine envers la Russie ; non pas comme facteur d'amélioration (Navalny n'a pas de « programme » pour son pays), mais pour déstabiliser Vladimir Poutine.

Depuis la fin de la guerre froide, les États-Unis ont basé leur sécurité sur la dominance de leur espace géostratégique. Ils ont

---

252. Victoria Nuland, « Pinning Down Putin », *Foreign Affairs*, juillet/août 2020.
253. L'ambassadrice Victoria Nuland était adjointe du secrétaire d'État pour les affaires européennes et eurasiennes lors de la crise ukrainienne, sous Barack Obama.

conservé à l'égard de la Russie, une méfiance enracinée dans la guerre froide et alimentée par une confusion entre Russie et URSS, qu'entretiennent certains « experts » sur la Russie, comme Galia Ackerman ou Françoise Thom[254]. Contrairement aux espoirs suscités par la « chute du mur », les États-Unis n'ont pas perçu la nouvelle sécurité internationale comme le produit d'une coopération et d'une interdépendance dans un espace euro-atlantique unifié. Ils se sont sentis légitimés pour mettre en œuvre leur propre politique étrangère, à leur profit, en y accordant aux Européens un rôle subsidiaire, comme on l'a vu en Afghanistan, en Irak, en Syrie, au Yémen ou dans le Sahel. C'est pourquoi, malgré la dissolution du Pacte de Varsovie, l'OTAN ne s'est pas fondamentalement modifiée, les tentatives russes de rapprochement ont été toutes rejetées par les États-Unis, tandis que les tentatives européennes de créer une défense autonome ont systématiquement échoué.

Les États-Unis, dont les infrastructures sont vieillissantes, ont le plus grand nombre de pannes électriques de l'ensemble des pays développés[255] ; les expliquer par des attaques informatiques venant de Russie est une porte de sortie commode[256]. L'interdiction de vol des Boeing 737 Max, en 2019, a été immédiatement suivie de rapports sur la situation de la flotte civile russe[257].

Les échecs militaires répétés en Afghanistan, en Irak, en Libye et en Syrie, la montée rapide de l'Asie (et la Chine) dans le domaine de l'innovation technologique, et plus récemment, la piètre performance des États-Unis dans la gestion de la crise de la Covid

---

254. Françoise Thom, « Le parti russe en France », *Commentaire*, n° 154, été 2016.

255. Ula Chrobak, « The US has more power outages than any other developed country. Here's why », *Popular Science*, 17 août 2020.

256. Sophie Tatum, « US accuses Russia of cyberattacks on power grid », *CNN*, 18 mars 2018.

257. Matthew Bodner, « Reports show Russia's terrible aviation record », *Associated Press*, 7 mai 2019.

ont contribué à donner l'image d'un pays sur le déclin. C'est ce qui explique la politique de l'« *America First* », de Donald Trump, reprise par Joe Biden, comme en témoigne son discours du 31 mars 2021 :

> *Le reste du monde se rapproche [de nous] et se rapproche vite. Nous ne pouvons pas accepter que cela continue.*[258]

Il s'agit de combattre les pays qui pourraient défier le leadership américain, au premier rang desquels, la Chine (aux plans économique et technologique) et la Russie (aux plans militaire et géostratégique). C'est une forme de « *mobbing* stratégique », dont l'objectif est de les isoler et de les empêcher de développer des relations constructives avec les autres pays occidentaux. Ce qui explique, par exemple, qu'Antony Blinken, le nouveau secrétaire d'État américain, menace ses alliés européens de sanctions s'ils achètent des matériels militaires à la Russie[259].

Les efforts américains vont bien au-delà du champ de la politique étrangère, car il s'agit également d'influencer la politique intérieure de la Russie. En février 2021, le *New York Times* résume très bien la question :

> *« La stratégie est la suivante : il s'agit d'un régime personnalisé enraciné dans la popularité de Poutine », a déclaré M. Guriev, l'économiste proche de M. Navalny, à propos de cette approche. « C'est pourquoi la popularité de Poutine doit être détruite. »*[260]

---

258. « Remarks by President Biden on the American Jobs Plan », Carpenters Pittsburgh Training Center (Pittsburgh, Pennsylvania), *whitehouse.gov*, 31 mars 2021.
259. Tal Axelrod, « Blinken warns Turkey, US allies against purchasing Russian weapons », *The Hill*, 28 avril 2021.
260. Anton Troianovski, « A Life in Opposition: Navalny's Path From Gadfly to Heroic Symbol », *The New York Times*, 13 février 2021.

Pour justifier cette violation de la Charte des Nations unies, on invoque la promotion de l'État de droit ou la défense des droits de l'Homme. Mais cela n'est qu'un prétexte, car si le but apparaît noble et justifié, ce n'est pas l'objectif des Occidentaux. Un mémo daté du 17 mai 2017, adressé à Rex Tillerson, alors secrétaire d'État, « fuité », nous éclaire sur la duplicité américaine et occidentale[261] :

> [...] *Dans le cas d'alliés américains tels que l'Égypte, l'Arabie Saoudite et les Philippines, l'Administration a tout à fait raison de mettre l'accent sur les bonnes relations pour diverses raisons importantes, y compris la lutte contre le terrorisme, et de faire face honnêtement aux compromis difficiles en ce qui concerne les droits humains.*
>
> *[...] En ce qui concerne nos concurrents, le dilemme est moindre. Nous ne voulons pas soutenir les adversaires de l'Amérique à l'étranger ; nous cherchons à faire pression sur eux, à les concurrencer et à les déjouer. Pour cette raison, nous devrions considérer les droits de l'Homme comme une question importante dans les relations des États-Unis avec la Chine, la Russie, la Corée du Nord et l'Iran. Et ceci, pas seulement pour des considérations morales à l'égard des pratiques à l'intérieur de ces pays. C'est aussi parce que faire pression sur ces régimes au moyen des droits de l'Homme est une manière de leur imposer des coûts, de créer une contre-pression et de leur reprendre l'initiative au plan stratégique.*

Pour exercer des pressions sur des pays comme la Russie, la Chine ou l'Iran, les États-Unis ont réactivé les outils utilisés pour lutter contre la menace communiste. Outre l'action diplomatique et les sanctions, ils cherchent à influencer par les canaux de la presse

---

261. www.politico.com/f/?id=00000160-6c37-da3c-a371-ec3f13380001

traditionnelle et par le financement d'organisations dans les pays-cibles, dont la vocation est clairement de nature subversive.

Comme la France avec *France 24*, *RFI* ou *France 5*, la Grande-Bretagne avec la *BBC*, les États-Unis ont des organes de presse dédiés à la guerre de l'influence. Il s'agit de *Radio Free Europe/ Radio Liberty* (RFE/RL), *Radio Free Asia* (RFA), *Voice of America* (VOA) et d'autres, placées sous l'autorité de l'*Agence des médias globaux* (USAGM). Leur fonction d'influence est telle[262] qu'ils ne sont pas autorisés à communiquer sur le territoire américain, afin d'éviter d'influencer les élections, comme le constate le député Brad Sherman, devant la Commission des Affaires étrangères de la Chambre des représentants[263].

Leurs organes d'influence sont donc si dangereux pour la démocratie américaine qu'ils ont l'interdiction d'opérer sur le sol américain... Voilà qui nous éclaire sur l'éthique de la politique intérieure et extérieure américaine, soutenue par nos médias !

Pour agir par le truchement d'acteurs non gouvernementaux (ONG), les États-Unis disposent de la *National Endowment for Democracy* (NED). Elle a été créée en 1983 pour reprendre certaines tâches de la CIA[264], afin que cette dernière puisse se concentrer sur des activités « plus musclées ». La NED est une ONG (ou plus exactement : une « quasi-ONG ») principalement financée par le gouvernement et le Congrès américains. En 1986, le *New York Times* la décrit comme suit :

---

262. Daniel Lippman, « Deleted Biden video sets off a crisis at Voice of America », *Politico*, 30 juillet 2020

263. Committee of *Foreign Affairs*, « Oversight of the United States Agency for Global Media and U.S. International Broadcasting Efforts », *foreignaffairs.house.gov*, 24 septembre 2020.

264. www.ned.org/about/history/

La National Endowment for Democracy, un groupe privé créé à cette fin, a acheminé un total de 53,7 millions de dollars d'argent du gouvernement à des partis politiques étrangers, à des syndicats, à des journaux, à des magazines, à des éditeurs de livres et à d'autres institutions dans des pays étrangers, principalement dans des pays où la démocratie est jugée fragile ou inexistante.

L'argent fédéral est utilisé pour des entreprises telles que l'aide au syndicat Solidarnosc, imprimer des publications souterraines en Pologne, acheter du matériel pour un journal d'opposition au Nicaragua, soutenir l'opposition en Corée du Sud, aider un parti en Irlande du Nord qui est membre de l'Internationale socialiste et influencer les votes à la Grenade et dans les pays d'Amérique latine. [265]

Et je journaliste de préciser que le travail de la NED « *est similaire à l'aide apportée par la CIA dans les années 1950, 60 et 70 pour soutenir les groupes politiques pro-américains* ». Aujourd'hui, on trouve dans son conseil d'administration des personnalités comme Elliott Abrams, un ex-diplomate, ancien des opérations clandestines en Amérique centrale, qui a organisé le financement illégal des Contras au Nicaragua, blanchi les responsables de crimes de guerre au Salvador[266], été parjure devant les commissions d'enquête du Congrès et été un des organisateurs du coup d'État de 2002 contre Hugo Chavez[267].

---

265. David K. Shipler, « Missionaries For Democracy: U.S. Aid For Global Pluralism », *The New York Times*, 1ᵉʳ juin 1986.
266. Julian Borger, « US diplomat convicted over Iran-Contra appointed special envoy for Venezuela », *The Guardian*, 26 janvier 2019.
267. Ed Vulliamy, « Venezuela coup linked to Bush team », *The Guardian*, 21 avril 2002.

La NED soutient notamment *Bellingcat*[268], qui sert de prête-nom à la CIA pour ses opérations d'influence, comme l'avoue Marc Polymeropoulos, ex-vice-directeur des opérations de la CIA en Europe et en Eurasie, dans le magazine *Foreign Policy* : « *Je ne veux pas être trop dramatique, mais nous adorons ça !* »[269] Le caractère objectif et factuel de l'apport de *Bellingcat* dans l'affaire Navalny est donc extrêmement discutable, et fait douter de la bonne foi des Occidentaux.

En réalité, le soutien de la NED à la démocratie est très sélectif : il se concentre sur les pays où les États-Unis cherchent à renforcer leur influence « en arrière-plan ». Ainsi, par exemple, elle ne finance pas de programme en Arabie Saoudite. En Russie, en revanche, en 2020, la NED n'entretenait pas moins de 112 programmes d'influence – dont le soutien à des « *activistes* » – pour un montant total de 10,6 millions de dollars ![270] Ainsi, contrairement à ce qu'affirme Clémentine Fauconnier, « spécialiste » de la Russie, l'ingérence américaine en Russie est une réalité et pas simplement « *un pilier du discours du Kremlin* » pour décrédibiliser l'opposition[271].

Sur son site, la NED ne précise pas qui reçoit ses financements, mais un câble de l'ambassade américaine de Moscou de 2006 indique qu'elle finance le mouvement *Alternative démocratique* de Navalny[272]. Une analyse très conservatrice des projets financés par

---

268. www.bellingcat.com/about/

269. Amy Mackinnon, « *Bellingcat* Can Say What U.S. Intelligence Can't », *Foreign Policy*, 17 décembre 2020.

270. www.ned.org/region/eurasia/russia-2020/

271. Clémentine Fauconnier, dans l'émission « C dans l'air » du 3 février 2020, (« Navalny peut-il faire tomber Poutine ? »), *France 5/YouTube*, 4 février 2021 (25'38")

272. https://wikileaks.org/cable/2006/11/06MOSCOW12709.html ; Scott Shane, « Russia Isn't the Only One Meddling in Elections. We Do It, Too », *The New York Times*, 17 février 2018.

6. Navalny au service de la politique américaine

l'agence en 2019-2020 permet d'estimer que Navalny et ses proches reçoivent environ 1,8 millions de dollars par an des États-Unis.

À la question de savoir si Navalny est un « *agent de l'étranger* », Galia Ackerman[273], sur *France 5*, répond catégoriquement : non. C'est faux. Soyons clairs : Navalny n'est certainement pas un « agent de la CIA », mais le fait qu'il soit financé par des pays étrangers en fait – techniquement et légalement – un « *agent de l'étranger* » selon la loi russe. Par ailleurs, le financement de son séjour en Allemagne et du film par des oligarques basés en Israël et à Londres[274], et de son mouvement par la NED, montre que les États-Unis l'utilisent comme un « pion » dans sa lutte contre la Russie. En ce sens, on peut affirmer qu'il est *un « agent de l'étranger »*. D'ailleurs, le 9 octobre 2020, John Brennan, ancien directeur de la CIA, tweete :

> *Imaginez les perspectives pour la paix mondiale, la prospérité et la sécurité si Joe Biden était président des États-Unis et Alexeï Navalny le président de la Russie. Nous sommes bientôt à mi-chemin...*[275]

En clair : « Nous y travaillons ! »

Au-delà de la politique étrangère, l'implication active des pays occidentaux dans cette affaire déborde dans le champ des services spéciaux, ainsi que le dévoile le *New York Times* :

> *Peu après l'arrivée de M. Navalny à Berlin, des représentants de l'Agence centrale de renseignement [CIA] et des services*

---

273. Galia Ackerman dans l'émission « C dans l'air » du 28 janvier 2021, (« Poutine / Navalny : espion, poison et corruption #cdanslair 28.01.2021 », France 5/YouTube, 29 janvier 2021) (1h01'22").
274. Sabine Siebold, Anton Zverev, Catherine Belton, Andrew Osborn, « Special Report: In Germany's Black Forest, Putin critic Navalny gathered strength and resolve », *Reuters*, 25 février 2021.
275. twitter.com/johnbrennan/status/1314587438568833025

secrets britanniques [MI-6] ont fourni aux membres du gouvernement allemand des détails sur l'empoisonnement, y compris les identités des agents du Service de sécurité fédéral [FSB] impliqués, ce qui engageait directement le gouvernement russe, selon le haut responsable allemand de la sécurité au fait de l'affaire.[276]

Donc, en moins de trois jours, les services occidentaux avaient déjà des détails sur les auteurs présumés de l'empoisonnement ! Ces informations serviront à réaliser la vidéo du 21 décembre 2020, mettant en scène Alexeï Navalny et un « agent du FSB ».

Disons-le clairement : rien n'indique que cette affaire ait été créée pour faire pression sur l'Allemagne, car, nous l'avons vu, l'empoisonnement de Navalny est très probablement accidentel. En revanche, l'administration Trump a très certainement vu l'opportunité de l'exploiter dans le cadre de sa stratégie d'isolement de la Russie et de suppression de ses ressources économiques. Initiée à l'été 2017, cette stratégie vise à chasser la Russie de ses marchés traditionnels[277]. Elle a été complétée, dès 2018, par des pressions sur l'Allemagne pour qu'elle renonce au gazoduc *Nord Stream 2*[278], puis par des sanctions contre les entreprises participant à la construction du pipeline en janvier 2020[279]. La motion du 20 janvier 2021, de 58 parlementaires européens (venant principalement des ex-pays de l'Est, avec quelques « Occidentaux » comme Bernard Guetta),

---

276. Michael Schwirtz, « Russian Officers Were Near Navalny When He Was Poisoned, Report Says », *The New York Times*, 15 décembre 2020.
277. Sarah McFarlane, Georgi Kantchev, « Gaz : Trump prêt à marcher sur les plates-bandes russes en Europe », *L'Opinion*, 29 juillet 2018.
278. Dpa, « Trump kritisiert Deutschland wegen Ostsee-Pipeline » (« Trump critique l'Allemagne au sujet du pipeline de la mer Baltique »), *merkur.de*, 3 avril 2018.
279. « Donald Trump approuve les sanctions américaines à l'égard des entreprises collaborant au gazoduc Nord Stream 2 », *Agence Europe*, 3 janvier 2020.

6. Navalny au service de la politique américaine

proposant de stopper le projet germano-russe s'inscrit dans le prolongement des efforts de Donald Trump[280].

Pas de complotisme ici : cette stratégie a été esquissée en 2019 par la RAND Corporation[281] « *pour les États-Unis et leurs alliés* », avec l'objectif de « *mettre sous tension et déséquilibrer la Russie* »[282]. Il s'agit de créer des situations provoquant des tensions sociales et économiques, qui placent la Russie en permanence sur la défensive, sur plusieurs fronts à la fois, pour la déstabiliser et l'affaiblir politiquement en interne et à l'extérieur.

Son principe s'inspire du mythe – très répandu en France[283] – que l'URSS s'est effondrée à la suite d'une surextension de ses capacités, provoquée par le projet de « guerre des étoiles » de Ronald Reagan... Le problème est que c'est faux. Comme le constatait déjà un rapport de la CIA de l'époque, l'URSS ne s'est jamais engagée dans cette course[284]. L'URSS ne s'est pas effondrée à cause de l'action occidentale, c'est le système communiste qui a implosé, car il n'était pas viable. C'est pourquoi la politique proposée par la RAND et mise en œuvre par l'administration Biden est mal pensée et contre-productive. Parmi les mesures qu'elle propose dans le domaine économique, on reconnaît les efforts contre le gazoduc germano-russe, menés par Donald Trump jusqu'aux derniers jours

---

280. *Joint Motion for a Resolution Pursuant to Rule 132(2) and (4) of the Rules of Procedure on the Arrest of Aleksei Navalny*, Parlement européen, 20 janvier 2021 (2021/2513(RSP)).
281. La RAND Corporation est un think-tank créé par le Pentagone au début de la guerre froide pour élaborer des stratégies contre l'URSS.
282. James Dobbins *et al.*, « Overextending and Unbalancing Russia », *RAND Corporation* (doc. n° RB-10014-A), 2019.
283. Thierry Wolton, *Le KGB en France*, Grasset, 1986.
284. « Moscow's Response to US Plans for Missile Defense », *Internet archive* (web.archive.org/web/20170119110741/https://www.cia.gov/library/readingroom/docs/DOC_0006122438.pdf).

de son mandat[285], puis relayés par quelques députés européens : développer la production énergétique aux États-Unis afin de mettre sous pression l'économie de la Russie, ses dépenses publiques et, par extension, ses dépenses de défense. Accessoirement, cela accroîtrait l'offre mondiale et ferait baisser les prix mondiaux, donc les revenus de la Russie. Outre que cela serait un avantage pour l'économie américaine, une telle politique ne nécessite pas d'approbation multilatérale ;

- imposer des sanctions commerciales et financières plus sévères afin de dégrader l'économie russe ;

- pousser l'Europe à importer du gaz de fournisseurs autres que la Russie, afin de créer des tensions économiques en Russie et empêcher toute dépendance de l'Europe vis-à-vis d'elle.

On est donc très loin de la tradition européenne, mais le projet de la RAND ne s'arrête pas là. On y discerne la subversion du système politique russe, où l'on reconnaît à la fois les mesures prises pour soutenir Navalny et les projets financés par la NED (voir Tableau 7).

Options pour imposer des coûts à la Russie

Options idéologiques et informationnelles à coûts élevés	Probabilité de succès dans la surextension des capacités de la Russie	Avantages (pour les États-Unis)	Coûts et risques (pour la Russie)
Diminuer la confiance dans le système électoral russe	basse	moyens	hauts
Créer la perception que le régime ne poursuit pas l'intérêt public	moyenne	moyens	hauts

285. Faustine Vincent, Nabil Wakim, « Les États-Unis accentuent les sanctions contre le gazoduc Nord Stream 2 », *Le Monde*, 5 janvier 2021.

Encourager les protestations intérieures et autres résistances non violentes	basse	moyens	hauts
Saper l'image de la Russie à l'étranger	moyenne	moyens	moyens

Tableau 7 – Options pour imposer des coûts à la Russie dans les domaines de la politique et de l'information. On reconnaît les axes de la campagne médiatique qui a accompagné l'affaire Navalny en Occident. [Source : « Overextending and Unbalancing Russia », RAND Corporation, 2019 (p. 5).]

Ce qui est frappant dans ce document, qui compte une trentaine de recommandations majeures, est qu'à *aucun moment* il ne mentionne la promotion des droits humains ou l'État de droit. On peut ainsi confirmer une observation déjà faite plus haut : l'affaire Navalny sert de levier pour appuyer une politique qui n'a rien à voir avec une amélioration de la situation en Russie, mais sert uniquement les intérêts des États-Unis[286].

À la différence de l'URSS, où seulement 5 à 9 % de la population était communiste, aujourd'hui 60 à 65 % des Russes approuvent l'action de Vladimir Poutine. Ainsi, durant la guerre froide, avec une population qui subissait le régime, la propagande pro-occidentale suffisait pour espérer déstabiliser l'URSS. Aujourd'hui, la situation est très différente : tout imparfait qu'il soit, le gouvernement russe n'est pas en décalage avec sa population. La propagande ne suffit plus à déstabiliser : il faut désinformer. C'est pourquoi les Occidentaux ont dû mettre sur pied des structures à cette fin.

---

286. « Trump schaltet sich im Fall Nawalny ein und kritisiert Nord Stream 2 » (« Trump intervient dans l'affaire Navalny et critique Nord Stream 2 »), *Handelsblatt*, 5 septembre 2020 ; « Trump fordert Stopp von Nord Stream 2 » (« Trump demande l'arrêt de Nord Stream 2 »), *Der Spiegel*, 7 septembre 2020.

L'affaire Navalny entre dans ce cadre, où des initiatives alliées complètent le dispositif américain. Il s'agit notamment du *Centre d'excellence pour la communication stratégique* de l'OTAN (STRATCOM)[287] et de l'*Integrity Initiative* (II) britannique. Créée au lendemain de la crise ukrainienne, cette dernière n'a été révélée au public qu'à la fin 2018 par un piratage des *Anonymous*[288]. On a alors naturellement accusé les services de renseignement russes de mener une campagne de désinformation contre l'OTAN. Cela n'est pas impossible, mais rien ne le démontre à ce stade, car les documents dévoilés – y compris les listes de noms des agents et correspondants de l'II à l'étranger – apparaissent authentiques. En novembre 2018, le gouvernement britannique a d'ailleurs confirmé qu'il finançait cette initiative[289].

L'II a été créée sous l'égide du ministère des Affaires étrangères britannique (FCO), responsable du *Secret Intelligence Service* (MI-6) et du *Government Communications Headquarters* (GCHQ) en charge de la cyberguerre, associés à cette initiative. Elle est financée par le ministère de la Défense et l'armée britanniques, le ministère de la Défense lituanien et l'OTAN, et vise à combattre la désinformation russe en Europe. L'II utilise la *BBC* et l'agence *Reuters* pour promouvoir un discours « officiel ». Elle inclut des réseaux de marketing informatique et des officines de renseigne-ment privés comme *Bellingcat*, et s'appuie sur des « clusters » natio-naux, composés de correspondants dans chaque pays participant. Elle interroge.

Premièrement, quant à son contexte. La simple création d'une autorité gouvernementale pour « gérer » l'information, avec

---

287. www.stratcomcoe.org/
288. telegra.ph/OP-HMG-Trojan-Horse-Part-4-Undermining-Russia-I-02-04
289. *Foreign and Commonwealth Office: Integrity Initiative, Question for Foreign and Commonwealth Office*, UIN 196177, 27 novembre 2018.

des ramifications dans certains pays nous éloigne des principes de la démocratie pour lutter contre la désinformation. Durant soixante-dix ans de guerre froide, la propagande occidentale était contrée par la désinformation soviétique, avec un effet subversif des deux côtés du « Rideau de fer ». Pourtant, la stratégie occidentale est restée « darwinienne », basée sur le principe que la « bonne » information chasse naturellement la « mauvaise ». À part quelques tentatives de la contrôler, comme l'opération MOCKINGBIRD de la CIA[290], les pays occidentaux n'ont pas ressenti le besoin de mettre sur pied de structures visant à « corriger » l'information, car la diversité de l'information garantissait sa qualité. Sommes-nous donc obligés, aujourd'hui, d'avoir des structures qui déterminent quelle est la « bonne information » qui doit chasser la « mauvaise » ?

Deuxièmement, quant à ses moyens. L'aspect le plus dérangeant de l'initiative britannique est que les membres des « clusters » nationaux, appartiennent à des institutions officielles ou réputées indépendantes. Ainsi, en France, les responsables britanniques ont pris les premiers contacts avec des fonctionnaires de l'administration au début 2016. Après une réunion à Paris en mai, ils notent :

> *Les Français sont très nationalistes, anti-américains. Il y a aussi de l'admiration pour la force brute (« le complexe Napoléon »). En conséquence, il y existe une nette tendance à admirer Poutine, associée à un sentiment historique de proximité avec la Russie qui les fait sympathiser avec la Russie.*[291]

---

290. Lauren Von Bernuth, « Operation Mockingbird – The CIA's History of Media Manipulation », *medium.com*, 10 avril 2018.
291. CND Paris & Brussels 2-4 May 2016 (https://www.pdf-archive.com/2018/12/13/cnd-paris--bxl-may-2016-v2/).

Il en résultera la création, « *indépendamment du gouvernement* », du cluster « *Integrity France* ». Dans quelle mesure les listes de noms révélées en 2018 sont complètes et encore correctes est incertain, mais elles questionnent sur l'intégrité des institutions qui informent ou renseignent nos politiciens. On y trouve des journalistes, des fonctionnaires du ministère des Affaires étrangères, du *Secrétariat général de la Défense et de la Sécurité nationale* (SGDSN), Rudy Reichstadt de *Conspiracy Watch*[292], Françoise Thom (farouche opposante aux médias payés par l'étranger (!) et au dialogue diplomatique avec la Russie[293]) ou Galia Ackerman, qui intervient régulièrement sur *France 5* à propos de la Russie. Dans le cluster belge (2019), il y a des fonctionnaires de l'OTAN et de l'Union européenne, ainsi que des chercheurs de l'*Université libre de Bruxelles* ; dans le cluster suisse (2019), on trouve des personnes payées par le ministère de la Défense suisse. Dans le cluster britannique, sans surprise, on trouve *Bellingcat* et Vladimir Achourkov, proche collaborateur de Navalny.

Techniquement, les individus employés par un gouvernement mais travaillant parallèlement en sous-main au profit d'un autre, dans le cadre d'une activité d'influence, correspondent à la définition « *d'agents d'influence* »[294]. C'est une situation où des employés d'administrations nationales peuvent avoir des conflits d'intérêt avec les décisions politiques de leur employeur. Cela contribue à ce que certains appellent « l'État profond », qui peut générer des

---

292. Benoît Bréville, « Chasseur de "conspis" », *Le Monde diplomatique*, avril-mai 2018 ; Brice Perrier, « Conspiracy Watch de Rudy Reichstadt : les contradictions de l'anti-complotiste professionnel », *Marianne*, 23 novembre 2019 ; Laurent Dauré, « Quand les "complotologues" de Franceinfo font l'impasse sur la principale théorie du complot de l'ère Trump », *Acrimed*, 10 mars 2021.

293. Isabelle Mandraud, « Françoise Thom, la procureure de Poutine », *Le Monde*, 21 octobre 2019.

294. fr.wikipedia.org/wiki/Agent_d'influence

dynamiques différentes de celles voulues par les autorités élues. Cela peut conduire à des situations comparables à celle de la France envers l'Allemagne, lorsque Clément Beaune, secrétaire d'État chargé des Affaires européennes, se prononce publiquement pour l'abandon du projet *Nord Stream 2*[295] à cause de l'affaire Navalny, obligeant Yves Le Drian, puis Emmanuel Macron, à préciser que la France considère les deux affaires comme distinctes[296].

Troisièmement, quant à la finalité de l'II. Les exemples présentés dans son « *guide* » montrent qu'elle est dirigée contre les réponses de la Russie aux accusations occidentales (affaire Skripal, catastrophe du MH-17 en Ukraine, annexion de la Crimée, cyber-attaques...), qui n'ont jamais été démontrées ou restent inexpliquées[297]. Tel qu'il est décrit, le rôle de l'II est essentiellement de décrédibiliser les réponses de la Russie aux attaques dont elle fait l'objet. On se situe dans la droite ligne de la stratégie développée par la RAND Corporation vue plus haut. En juin 2018, lors d'une réunion organisée par le FCO pour mobiliser des soutiens aux opérations d'influence, l'objectif de l'opération est clairement énoncé : « *Le programme a pour but d'affaiblir l'influence de la Russie sur ses voisins* »[298], sans mentionner une seule fois l'État de droit ou les droits de l'Homme. Il ne s'agit donc pas d'améliorer nos relations avec la Russie ou d'y consolider l'État de droit, mais uniquement de l'affaiblir.

---

295. « Affaire Navalny : la France favorable à l'abandon du projet de gazoduc Nord Stream 2, selon le secrétaire d'État chargé des Affaires européennes », *franceinfo.fr*, 1er février 2021.
296. « La France n'interviendra pas auprès de l'Allemagne sur Nord Stream 2, dit Le Drian », *Reuters*, 3 février 2021.
297. Document « The Integrity Initiative Guide to Countering Russian Disinformation » (https://www.pdf-archive.com/2018/11/02/untitled-pdf-document-1/)
298. *Supplier Event, Support for Independent Media in Eastern Partnership Countries, Support for Independent Media in the Baltic States*, Foreign & Commonwealth Office, Londres, 26 juin 2018.

En matière énergétique, les États-Unis voient la convergence de deux menaces : la dépendance de l'Europe vis-à-vis de la Russie et une concurrence pour leur propre production. C'est pourquoi les Américains sont opposés au projet de gazoduc *Nord Stream 2*, reliant la Russie à l'Allemagne. C'est dans ce contexte que l'affaire Navalny tombe à pic.

Finalement et fondamentalement, c'est le principe d'une information objective et indépendante, garante de l'État de droit, qui est en cause ici. Le problème n'est pas tant la réponse à l'information venant de Russie, que l'esprit et l'éthique nous y mettons. Par ailleurs, l'II est un outil dont l'usage peut assez rapidement dériver, par exemple lorsqu'il s'agit de mener une campagne contre le parti travailliste en Grande-Bretagne[299].

---

299. Chris York, « How A Murky Row Over Russia, Jeremy Corbyn And A "Psyops Campaign" Went Mainstream », *huffingtonpost.co.uk*, 2 février 2019 ; Mark McLaughlin, « Hacker-hit research group the Integrity Initiative is sorry for Jeremy Corbyn tweets », *The Times*, 6 avril 2019.

7. Conclusions

7.1. L'affaire Navalny

L'analyse de l'affaire Navalny montre qu'à chacune de ses étapes, dans le spectre des explications possibles, on a systématiquement choisi celles qui s'inséraient dans le narratif d'un empoisonnement au Novitchok, donc commandité par Vladimir Poutine. Le fait que les symptômes des Skripal et de Navalny étaient totalement différents, que ni les uns ni les autres n'ont eu *les symptômes* d'un empoisonnement aux neurotoxiques, que ni les uns ni les autres ne présentent les séquelles de long terme associées à un empoisonnement au Novitchok, ou que le Novitchok a également été produit par des pays occidentaux, n'a incité ni les médias, ni les politiques à la prudence.

Au contraire, sur la seule foi du soi-disant aveu téléphonique d'un agent, dont personne n'a pu vérifier l'identité et la qualité, et de rapports militaires restés secrets, on façonne une politique étrangère et prend des mesures aux conséquences incertaines.

Les rapports des laboratoires allemand, français, suédois et de l'OIAC étant classifiés, nous ne connaissons pas leur contenu. Il est cependant raisonnable de penser que si leurs conclusions avaient clairement identifié la présence de Novitchok, elles auraient fait l'objet de publications plus détaillées. Dans cette situation, sous la menace de sanctions américaines dans le cadre du projet *Nord Stream 2*, l'Allemagne pouvait difficilement publier officiellement des résultats contraires au narratif américain. Elle a probablement cherché à exploiter le changement d'administration à Washington pour s'en dégager, à la fois en enfonçant un coin dans le discours de l'administration Trump et en offrant à l'Europe l'occasion d'une sortie digne de la crise. Elle a donc autorisé les médecins allemands à publier leurs analyses, qui tendent à indiquer un empoisonnement dû à une mauvaise combinaison d'alcool et de médicaments, et ainsi à contredire les accusations contre la Russie.

On constate que ni les parlementaires européens, ni les experts des Nations unies n'ont tenu compte des analyses publiées par médecins allemands, et n'ont – à aucun moment – cherché à exploiter les opportunités ouvertes par les différents diagnostics des civils et des militaires. Au contraire, ils ont délibérément écarté tout ce qui aurait pu décrédibiliser les accusations occidentales. Comme l'illustre à la perfection Bernard Guetta, le problème de nos politiques et nos gouvernements est leur incapacité à faire la part entre « suspicions » et « certitudes », qui alimente une politique étrangère dogmatique éloignée de l'intérêt des Européens et nuit à leur crédibilité.

En admettant que Navalny ait été l'objet d'un empoisonnement intentionnel commandité par le gouvernement russe, on peut raisonnablement se demander si la menace politique qu'il constitue est à la mesure du risque politique de son élimination. Il faut avoir un esprit naïf, comme Bernard Guetta, ou voir beaucoup de films, pour penser qu'un gouvernement prendrait un tel risque pour une menace aussi dérisoire. Or, au contraire de dirigeants comme Donald Trump ou Emmanuel Macron, Vladimir Poutine s'est toujours montré extrêmement rationnel dans ses choix.

Nous sommes dans une situation où le risque politique de l'échec est plus grand que le gain apporté par le succès. Un problème qui, par exemple, n'affecterait que marginalement un réseau criminel. Sur la BBC, Mark Galeotti, expert de la Russie au *Royal United Services Institute* (RUSI) déclarait :

> *L'État russe semble avoir été pris au dépourvu, ce qui implique que ce n'était pas une opération planifiée au niveau central [...]. Cela suggère que c'était l'acte d'un Russe puissant, mais pas nécessairement de l'État.*[300]

D'ailleurs, *Euronews*, la *Tribune de Genève* ou *Le Point* constatent que Navalny a « *des centaines d'ennemis parmi lesquels des individus déterminés* »[301] à cause de sa lutte contre la corruption. D'ailleurs, les nombreux procès intentés à Navalny – dont nous avons cité quelques exemples – ne viennent pas du gouvernement, mais d'oligarques et de personnalités privées. Il n'est ainsi pas déraisonnable de penser que d'autres acteurs, touchés par ses enquêtes sur la corruption – notamment dans les milieux de la criminalité organisée – pourraient avoir un intérêt *existentiel* à le supprimer.

---

300. Laurence Peter, « Navalny and Russia's arsenal of exotic poisons », *BBC News*, 26 août 2020.

301. « Aucun poison dans l'organisme de Navalny », *Tribune de Genève*, 21 août 2020 ; Joanne Massard avec AFP, « Son état de santé jugé "instable", Alexeï Navalny ne pourra pas être transféré à l'étranger », *euronews.com*, 21 août 2020 ; AFP, « Navalny : un avion en route pour aller chercher l'opposant russe dans un état grave », *Le Point*, 21 août 2020.

C'est pourquoi Vladimir Poutine affirme cyniquement : « *Si on l'avait voulu, l'affaire aurait été menée à son terme ! »*[302] À l'évidence, s'il y avait réellement eu volonté d'éliminer Navalny, on aurait probablement utilisé une méthode qui ne rappelle pas l'affaire Skripal et qui soit plus efficace (!), sans pointer du doigt la Russie. Or, les « services » disposent de poisons virtuellement indétectables à l'autopsie...[303]

Malgré cela, bien qu'aucun fait concret vérifiable ne la confirme, prédomine l'idée que c'est l'œuvre des services secrets russes. Ainsi, dès début septembre 2020, avant même que les laboratoires français, suédois et de l'OIAC aient commencé leurs analyses, *Conspiracy Watch* « *sait* » qu'il a été empoisonné avec du Novitchok, « *plutôt associé aux services secrets russes* », et qualifie de « *conspirationnisme* » l'éventualité que l'empoisonnement puisse être le fait de la criminalité organisée[304]. Cette manière d'exclure toute explication alternative, d'affirmer un jugement à partir d'informations qui sont toutes de nature spéculative, d'ignorer certains faits et d'en relier d'autres avec une logique arbitraire correspond exactement à la définition du complotisme[305]. Les « anti-conspirationnistes » deviennent... des « conspirationnistes » !

---

302. AFP, « Pour Vladimir Poutine, si la Russie avait voulu empoisonner Navalny, il serait mort », *Le Figaro*, 17 décembre 2020.
303. Viktor Popenko, *Секретные Инструкции ЦРУ и КГБ по Сбору Фактов, Конспирации и Дезинформации* (« Instructions secrètes de la CIA et du KGB sur l'établissement des faits, la conspiration et la désinformation ») AST, Moscou, 2014, p. 258.
304. Antoine Hasday, *op. cit.*
305. fr.wikipedia.org/wiki/Théorie_du_complot

7.2. L'impact sur les relations internationales

L'affaire Navalny intervient dans un contexte où l'action diplomatique a troqué la coopération contre la sanction. Influencée par les États-Unis, magnifiée sous la présidence de Donald Trump et prolongée par Joe Biden, cette manière de gérer les relations internationales déroge à la tradition européenne de la diplomatie en remplaçant le dialogue par l'épreuve de force. Car l'Europe est la victime consentante de cette dégradation à la fois éthique et politique : les médias et politiciens qui accusaient Donald Trump de mensonges ont servilement accepté et relayé ses accusations contre la Russie, la Chine, l'Iran et d'autres.

Dans quelle mesure le système politique russe est-il démocratique est une question ouverte. Pour y répondre, il faut aussi comprendre que, vue de la Suisse, la France n'est qu'une monarchie élective, où la démocratie est réduite à son expression la plus congrue : les décisions sont erratiques, le vote populaire – quand il existe – est bafoué, la liberté de la presse et la liberté d'opinion sont loin d'être totales et les politiciens sont secrètement surveillés[306] ; en 2018-2019, durant la crise des Gilets jaunes plus de 40 000 personnes ont été condamnées pour diverses infractions et délits « *sur la base de lois vagues [...] utilisées pour restreindre illégalement les droits à la liberté de réunion pacifique et à la liberté d'expression* »[307].

En définitive, le problème n'est pas de savoir qui est pour ou contre la Russie, ou de savoir si elle respecte ou non l'État de droit. Ce n'est pas même la question de savoir si l'hégémonie des États-

---

306. T.B., J.M.Dé., « Une curieuse enquête secrète sur Nicolas Sarkozy », *leparisien.fr*, 24 juin 2020 (mis à jour le 25 juin 2020).

307. « France/droit de manifester. Amnesty international dénonce les arrestations et poursuites de milliers de manifestants pacifiques en France avant et pendant la pandémie de Covid-19 », *amnesty.fr*, 29 septembre 2020.

Unis est bonne ou mauvaise, et s'ils trichent ou non pour atteindre leurs objectifs. La vraie question est de savoir si notre manière de la conduire vers la démocratie est pertinente. En avril 2021, Emmanuel Macron avait un taux d'approbation de 37 %[308], tandis que celui de Vladimir Poutine était de 65 %, après les manifestations pro-Navalny[309]. Dans ces circonstances, qu'est-ce qui nous donne le droit d'imposer de l'extérieur un changement de « régime » en Russie et pas en France ?

En février 2021, l'arrestation de Pablo Hasél en Espagne pour ses opinions séparatistes, et les manifestions qui ont suivi n'ont pas déclenché de sanctions européennes. La détention de Julian Assange en Grande-Bretagne, pour avoir divulgué des crimes de guerre américains, ne suscite assez curieusement pas la passion de nos médias – les messages de soutien sont même supprimés par Twitter ![310] Nos démocraties parlent d'État de droit, mais acceptent que la Suède fabrique une accusation de viol contre Assange[311]. On pointe immédiatement du doigt la Russie et on lui applique des sanctions sur la base d'éléments très vagues et des rumeurs dans l'affaire Navalny, mais on relativise l'assassinat de Jamal Khashoggi. Daniel Hale, ancien officier de l'US Air Force et lanceur d'alerte sur les actions illégales de drones menées par les États-Unis, est arrêté et emprisonné avant même d'avoir été jugé sur la base d'accusations jugées vagues par ses avocats[312]. Facebook supprime les

---

308. « L'Observatoire politique – mars 2021 », *elabe.fr*, 4 mars 2021.
309. www.levada.ru/en/
310. Mike Head, « Twitter removes account of Assange defence organisation », *wsws.org*, 13 juillet 2019.
311. Daniel Ryser, Yves Bachmann, Charles Hawley, *op. cit.*
312. Alex Emmons, « Drone Whistleblower Daniel Hale Jailed Ahead of Sentencing », *The Intercept*, 6 mai 2021.

comptes favorables à Qassem Soleimani après son assassinat[313]. Les opinions favorables à la Russie sont qualifiées de « conspirationnistes » ou d'être « *liées à la Russie* », même si l'on n'en sait rien ; et Twitter ferme les comptes qui pourraient « *miner la foi en l'OTAN* »[314] ! Même durant la guerre froide, de tels arguments n'ont jamais été invoqués !

L'affaire Navalny est à la fois, pour les États-Unis, une opportunité pour discréditer Vladimir Poutine et, pour les pays européens, une diversion pour leurs propres problèmes domestiques. Les images des manifestations de janvier 2021 à Moscou tournent en boucle sur nos écrans : elles masquent les manifestations contre la loi sur la sécurité globale ou des opposants aux mesures Covid, ainsi que la gestion européenne discutable des vaccins...

Promouvoir la démocratie et les droits humains dans le monde est une tâche noble et nécessaire. À condition toutefois que nous le fassions de manière sincère et honnête (ce qui est très loin d'être le cas), et de manière moins puérile.

Le martèlement permanent contre la Russie tend à stimuler l'orgueil national des Russes et à devenir contre-productif. Il engendre un soutien plus marqué pour le gouvernement Poutine, qui se retourne contre Navalny lui-même. Le « débunkage » de son film a mis en évidence une coûteuse supercherie, manifestement réalisée avec une aide financière extérieure ; le soutien disproportionné de l'Occident à son mouvement, l'aide trop visible des services secrets américains et britanniques, révélée par le *New York Times*, poussent la population russe à s'interroger sur Navalny lui-même et son rôle dans un climat de sanctions et de ruptures.

---

313. Zena Chamas, « Facebook admits censoring posts supporting slain Iranian General Qassem Soleimani », *abc.net*, 14 janvier 2020.
314. « Disclosing networks of state-linked information operations », *Twitter Safety*, 23 février 2021.

En janvier 2021, Nikolaï Patrouchev, Secrétaire du Conseil de sécurité de la Fédération de Russie et ancien directeur du FSB, affirme qu'Alexeï Navalny est utilisé par les pays occidentaux pour déstabiliser la situation intérieure russe[315]. On sait que la population russe est sensible à cet argument, qui contribue à l'impopularité de Navalny. En février 2021, le FSB publie une vidéo montrant Vladimir Achourkov, collaborateur de Navalny, discutant une aide financière de 10-20 millions de dollars avec James Ford, diplomate britannique (identifié comme agent du MI-6 britannique) en 2012[316]. En fait, cette vidéo (dont l'authenticité n'a pas été remise en question) ne démontre pas grand-chose, car Ford n'accorde rien et demande à Achourkov de faire sa demande à l'ONG *Transparency International*, mais elle conforte l'opinion russe.

Dès lors, on peut s'étonner du soutien bruyant des institutions et politiciens occidentaux à Navalny et de leur recours aux sanctions pour exiger sa libération. Comme le montrent les enquêtes du *Centre Levada*, ils ne font que renforcer le soutien au gouvernement. Cela confirme le constat que nos politiciens ne cherchent pas à promouvoir l'État de droit ou les droits de l'Homme, mais à affaiblir la Russie.

Il en est ainsi des sanctions occidentales qui cherchent à créer une situation intenable pour les populations locales, afin qu'elles se rebellent contre leur gouvernement. C'est le même principe qui est appliqué à l'Iran, à la Syrie, à Cuba, au Venezuela, etc. C'est une variante de la doctrine qui justifiait le bombardement des populations civiles en Allemagne dès 1943, en Serbie en 1990, en Irak

---

315. « West using Navalny to destabilize Russia by creating social upheaval & encouraging unrest, says Russian security chief Patrushev », *RT*, 26 janvier 2021.

316. Vidéo « Top Navalny aide asked alleged British spy for millions in funding – FSB intelligence video claims », *RT*, 1er février 2021, *YouTube* (youtube.com/watch?v=k227KvK-FYN8).

en 2003, au Liban en 2006, à Gaza en 2014 : il s'agit de pousser les populations à se révolter contre leurs autorités, afin de promouvoir un changement de régime. Ce principe est clairement décrit par Richard Nephew, responsable des sanctions au département d'État sous Obama et délégué à l'Iran sous Joe Biden, dans un ouvrage intitulé *L'Art des sanctions*, dont l'esprit peut clairement être qualifié de répugnant[317]. Ainsi, sur *France 5*, Bernard Guetta déclare que « *le niveau de vie baisse constamment en Russie en partie, mais en partie seulement, à cause des sanctions ou grâce aux sanctions occidentales* [...][318] »... Bien faibles sont les valeurs de celui qui est fier de faire baisser les conditions de vie d'un peuple !

C'est une manière de prendre en otage les populations, pour mener des « révolutions de couleur » et imposer un leadership alternatif très loin de représenter leurs populations et leurs griefs. Il en est ainsi de Juan Guaidó au Venezuela, qui finance une tentative de coup d'État avec des mercenaires américains[319], qui ne parvient pas à mobiliser la population pour prendre le pouvoir[320], et qui a été finalement abandonné par son propre parti, au point que l'Union européenne a dû renoncer à le considérer comme « *président par intérim* »[321]... Mais il reste le seul président du Venezuela reconnu par Emmanuel Macron[322]...

---

317. Richard Nephew, *The Art of Sanctions – A View from the Field*, Columbia University Press, New York, 2018.

318. Bernard Guetta, dans « Le 5 sur 5 ! - C à Vous - 03/02/2021 », *France 5/YouTube*, 3 février 2021 (17'10")

319. « Read the attachments to the General Services Agreement between the Venezuelan opposition and Silvercorp », *The Washington Post*, 7 mai 2020.

320. Joshua Goodman, Christopher Torchia, « How the Venezuelan "coup" didn't get beyond street demonstrations supporting Juan Guaido », *Associated Press/USA Today*, 1er mai 2019.

321. « EU states no longer recognise Guaido as Venezuela's interim president », *Reuters*, 25 janvier 2021.

322. État de la situation à la fin février 2021.

Lorsque Donald Trump affirme qu'il a été victime d'une fraude et qu'il a gagné l'élection contre Joe Biden nous réalisons – avec raison – qu'il ment ; même si le système électoral américain fait que tout s'est joué sur 22 091 voix seulement, soit 0,01 %, soit la marge la plus étroite de toute l'histoire des États-Unis[323]. Mais, lorsque l'opposante biélorusse Svetlana Tikhanovskaïa affirme avoir gagné les élections en août 2020[324], on la croit sans discuter, ni vraiment la connaître. Pourtant, avec ses 9,9 % des suffrages, le résultat de l'opposition est cohérent avec les scrutins précédents. Cela ne signifie pas qu'il n'y a pas eu de fraudes au niveau local, mais très vraisemblablement pas de nature à modifier le résultat général de l'élection au point de déclencher des sanctions internationales[325]. D'ailleurs, c'était la première fois en vingt-neuf ans que l'OSCE n'avait pas envoyé d'observateurs aux élections[326], malgré la demande du Belarus[327]. Pour légitimer le soutien à Svetlana Tikhanovskaïa, on a affirmé qu'une des causes principales du mécontentement en Belarus était « *la gestion désastreuse de la pandémie* »[328], même si les chiffres montrent clairement l'inverse (voir Figure 9).

---

323. James M. Lindsay, « The 2020 Election by the Numbers », *The Council of Foreign Relations*, 15 décembre 2020.

324. Emmanuel Grynszpan, « Svetlana Tikhanovskaïa, du triomphe à l'exil en vingt-quatre heures », *letemps.ch*, 11 août 2020 (mis à jour 12 août 2020).

325. « Biélorussie : l'UE institue des sanctions pour répression et falsification des résultats électoraux », *Conseil de l'Union européenne*, 2 octobre 2020.

326. « ODIHR will not deploy election observation mission to Belarus due to lack of invitation », *OSCE Office for Democratic Institutions and Human Rights*, 15 juillet 2020.

327. « Étant donné que le Document de Copenhague de l'OSCE prévoit une invitation permanente à observer, une invitation formelle à observer les élections n'est en principe pas nécessaire. Cependant, la pratique a été que les États participants adressent une invitation écrite au BIDDH en temps opportun pour réaffirmer leurs engagements et leur volonté de recevoir des observateurs internationaux », *Election Observation Handbook: Sixth Edition*, *OSCE*, 11 juin 2010, paragraphe 4.1.

328. « En Biélorussie, trois femmes défient "le dernier dictateur d'Europe" », *rts.ch*, 10 août 2020 ; Jean-Yves Camus, « Biélorussie : ni Moscou ni Bruxelles », *charliehebdo.fr*, 19 août 2020 ; « L'avenir de l'Europe se joue aussi à Minsk », *Ouest-France*, 6 février 2021.

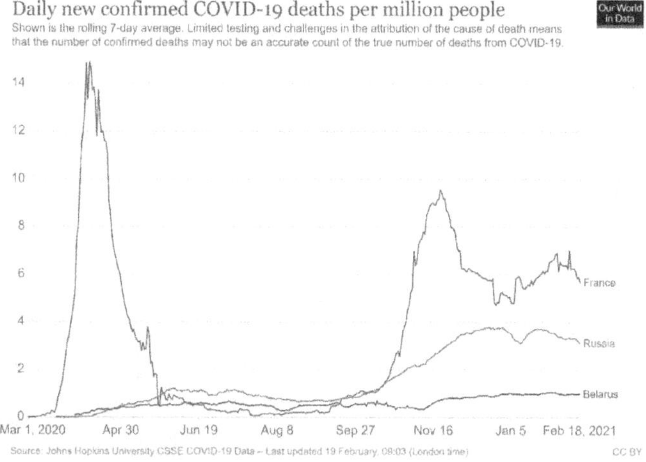

*Figure 9 – Comme on le constate, l'allégation de la mauvaise gestion de la Covid au
Belarus est de la désinformation.*

L'explication de ces paradoxes est qu'en réalité, nous ne soutenons pas ces opposants *pour* leur valeur, mais *contre* leurs gouvernements. Ainsi, Bernard Guetta, député européen de *La République en marche,* prend fait et cause pour Navalny, militant d'extrême droite nationaliste[329], qui approuve l'annexion de la Crimée[330] (et déclare dans *The Moscow Times*[331] qu'il ne la restituerait pas s'il était au pouvoir[332]), qui n'a jamais exprimé un projet concret pour

---

329. Gaël de Santis, « Navalny : un nationaliste russe », *L'Humanité,* 27 mars 2017.
330. « What Does Aleksey Navalny Really Think About Ukraine, Crimea And Donbas? », *ukraineworld.org,* 21 janvier 2021.
331. Alec Luhn, « Hackers target Russian newspaper site accused of being anti-Putin », *The Guardian,* 5 février 2015.
332. Anna Dolgov, « Navalny Wouldn't Return Crimea, Considers Immigration Bigger Issue Than Ukraine », *The Moscow Times,* 16 octobre 2014.

7. Conclusions

la Russie, qui a cherché à s'enrichir par des malversations et ne représente aucune des valeurs que l'Europe prétend défendre ! Comme le constatent Emma Ashford et Mathew Burrows de l'*Atlantic Council* – pourtant associé à l'OTAN – en mars 2021[333] : nous ne sommes pas dans une lutte *pour* la démocratie et l'État de droit, mais *contre* l'influence de la Russie. Nous menons techniquement une politique de subversion contre-productive (phénomène d'asymétrie) : il ne fait que renforcer l'importance de l'Asie au détriment de l'Europe, sans renforcer aucune de nos valeurs.

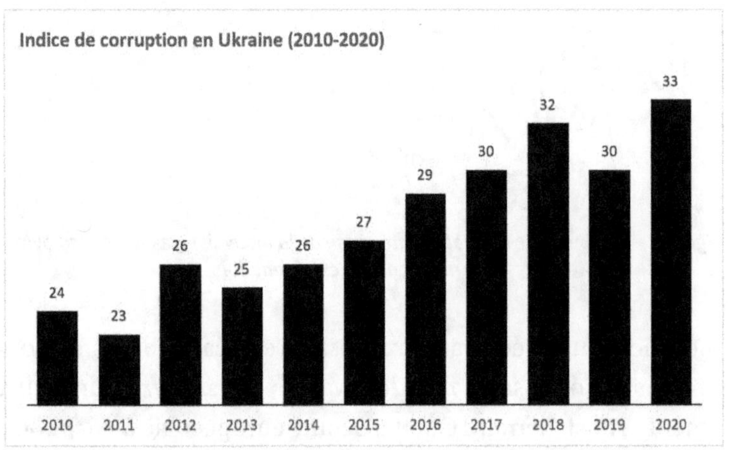

Figure 10 – Contrairement à ce qu'on a affirmé, la révolution de Maïdan en 2014 n'avait pas pour objet de lutter contre la corruption, mais de réduire la sphère d'influence de la Russie en Europe de l'Est.
[Source : tradingeconomics.com/ukraine/corruption-index]

Ainsi, en 2014, on clamait que « *la corruption du régime est la cause principale des manifestations en Ukraine* »[334]. Pourtant,

---

333. Emma Ashford, Mathew Burrows, « Reality Check #4: Focus on interests, not on human rights with Russia », *atlanticcouncil.org*, 5 mars 2021.
334. Clément Chenaux, « Ukraine : "La corruption est partout, c'est la cause principale de la révolte" », *lexpress.fr*, 22 février 2014 (mis à jour 24 février 2014).

malgré (ou peut-être, à cause de) son rapprochement avec l'OTAN et l'Union européenne, la corruption s'y est développée de manière significative (voir Figure 10). Ce qui a conduit le *Fonds monétaire international* (FMI) à refuser son aide à l'Ukraine en 2021[335].

En réalité, il s'agissait davantage de couper ses liens avec la Russie que de combattre la corruption. Au lieu de voir dans la crise ukrainienne une opportunité, on y a vu un acte de guerre. Dans le *Washington Post*, Henri Kissinger, conseiller à la Sécurité nationale de Ronald Reagan, constatait que l'Union européenne « *a contribué à transformer une négociation en une crise* » et observait avec raison :

> *[...] la diabolisation de Vladimir Poutine n'est pas une politique ; c'est un alibi pour ne pas en avoir une.*[336]

La preuve que nous ne cherchons pas à promouvoir nos valeurs, mais à « écraser » ceux qui n'ont pas les mêmes, est le fait que les États-Unis n'hésitent pas à frapper de sanctions leurs alliés européens, lorsque leur politique étrangère s'écarte de la leur. En particulier lorsqu'elles concernent l'Iran ou Cuba. C'est le cas avec la crise de la Covid-19. Ainsi, l'édition 2020 du rapport annuel du *département de la Santé et des Services sociaux* (HHS) américain, décrit avec fierté son bilan :

> *Combattre les influences néfastes dans les Amériques : l'Office des affaires globales [OGA] a utilisé les relations diplomatiques dans la région des Amériques pour affaiblir des États, parmi lesquels Cuba, le Venezuela et la Russie, qui s'efforcent d'accroître leur influence dans la région au détriment de la*

---

335. AFP, « Ukraine : pas d'aide du FMI, davantage de réformes exigées », *lefigaro.fr*, 13 février 2021 (mis à jour 14 février 2021).
336. Henry A. Kissinger, « How the Ukraine Crisis Ends », *The Washington Post*, 5 mars 2014.

7. Conclusions

sûreté et de la sécurité des États-Unis. L'OGA s'est coordonné avec d'autres agences gouvernementales américaines pour renforcer les relations diplomatiques et offrir une assistance technique et humanitaire pour dissuader les pays de la région d'accepter l'aide de ces États mal intentionnés. Citons par exemple l'utilisation du bureau de l'attaché santé de l'OGA pour persuader le Brésil de rejeter le vaccin russe contre la Covid-19, et l'offre d'une assistance technique du CDC au Panama au lieu d'une offre de médecins cubains.[337]

Nous utilisons nos « valeurs » comme moyen de pression sur les autres, mais nous les avons nous-mêmes totalement abandonnées, avec notre éthique, dans la gestion des relations internationales. Nous pratiquons exactement ce que l'on reproche au gouvernement russe…

On ne lutte pas contre les tyrannies en en justifiant d'autres et on ne lutte pas contre les abus en ne tolérant que les nôtres. Notre conception des relations internationales défie de plus en plus l'éthique politique et le droit. A-t-on condamné les États-Unis et la Grande-Bretagne pour avoir menti devant le Conseil de sécurité des Nations unies avant la guerre en Irak ? A-t-on condamné ceux qui ont délibérément menti à l'opinion publique afin de justifier l'intervention en Libye ? A-t-on condamné le bombardement de populations civiles à seule fin de les pousser à se retourner contre leurs dirigeants en ex-Yougoslavie, en Irak, en Syrie ou en Libye ? Adopte-t-on des sanctions contre Israël qui applique sa doctrine de « *l'usage disproportionné de la force* » (Doctrine Dahiya) contre des civils ? Évidemment non. Nous acceptons que des généraux sans honneur, des diplomates ignorants, des philosophes menteurs ou des présidents corrompus travestissent la réalité

337. *Annual Report 2020*, US Department of Health and Human Services, Washington DC, janvier 2021.

pour abuser des institutions démocratiques et du mandat qui leur a été confié par les électeurs. Nos élites politiques soutiennent des individus aux valeurs douteuses, qui sont très loin de faire l'unanimité dans leur pays.

Dans les affaires Skripal et Navalny, la Grande-Bretagne et l'Allemagne ont exigé de la Russie des éclaircissements, mais ni l'une ni l'autre ne lui ont transmis les éléments « incriminants » en leur possession, comme l'exigent la *Convention européenne d'entraide judiciaire*[338] et la *Convention sur l'interdiction des armes chimiques*[339]. Parce qu'en fait, nous ne sommes pas en mesure de prouver nos accusations et d'y confronter la Russie. Car nous ne cherchons ni la justice, ni le respect du droit, mais simplement à affaiblir la crédibilité et l'influence de la Russie. Le même schéma est d'ailleurs appliqué à la Chine. C'est pourquoi les journalistes et les parlementaires si véhéments contre la Russie et la Chine sont si silencieux et complaisants – voire complices – à propos des violations des droits de l'Homme par les alliés des États-Unis.

Au-delà d'une imagerie issue de la guerre froide et portée par des politiciens et des journalistes qui ne l'ont pas vraiment connue, l'origine de cette guerre d'influence est probablement interne aux pays occidentaux. Aux États-Unis, la menace russe est devenue un argument entre démocrates et républicains : il s'agissait alors de décrédibiliser Donald Trump et de faciliter sa destitution, en accusant la Russie de l'avoir fait élire, au prétexte que Poutine le « tenait » avec des documents compromettants. Ainsi, le quotidien *Le Temps* prétendait

---

338. *Convention européenne d'entraide judiciaire en matière pénale*, Conseil de l'Europe, 20 avril 1959 (article 1).

339. *Convention sur l'interdiction de la mise au point, de la fabrication, du stockage et de l'emploi des armes chimiques et sur leur destruction* (article IX – Consultations, coopération et établissement des faits) (avec modifications jusqu'au 7 juin 2020), www.opcw.org (opcw.org/fileadmin/OPCW/CWC/CWC_fr.pdf).

que Trump était *sous l'influence* de Poutine[340], *Le Point* affirmait qu'il y avait une connivence entre eux[341], *Le Journal de Montréal* déclarait que « *Poutine ador[ait] Trump* »[342], *Le Monde* affirmait que « *Poutine cro[ya]it en Trump* »[343] et *Radio-Canada* que Poutine aurait cherché à faire réélire Trump en 2020[344]. En effet, *Le Figaro* voyait une « *alchimie positive* » entre les deux hommes[345], au point que, selon *La Croix*, Trump préférait Poutine à ses partenaires de l'OTAN[346]. On nage en pleine politique-fiction. Mais ce n'est pas tout : au lendemain de l'émeute du Capitole, le 19 janvier 2021, Hillary Clinton tweete à Nancy Pelosi que Trump aurait reçu des ordres de Poutine :

> *Je ne pense pas que nous sachions encore qui ils sont tous. J'espère que l'Histoire nous dira à qui il est redevable, qui tire les ficelles [...]. J'aimerais voir ses enregistrements téléphoniques pour voir s'il avait parlé à Poutine le jour où les insurgés ont envahi notre Capitole.*[347]

Poutine devient même une arme au sein même du parti démocrate : les démocrates Bernie Sanders[348] et l'excellente Tulsi

---

340. Stéphane Bussard, « Trump, un "candidat mandchou" ? », *letemps.ch*, 28 septembre 2020 (mis à jour le 29 septembre 2020).
341. AFP, « Donald Trump : pourquoi ses liens avec la Russie interrogent », *lepoint.fr*, 14 janvier 2019 (mis à jour le 15 janvier 2019).
342. Loïc Tassé, « Pourquoi Poutine adore Trump », *Le Journal de Montréal*, 22 février 2020.
343. Benoît Vitkine, « *"In Trump we still trust"* : la campagne américaine vue de Russie », *Le Monde*, 27 octobre 2020.
344. « Poutine dirige "probablement" une opération visant à favoriser la réélection de Trump », *ici.radio-canada.ca*, 22 septembre 2020.
345. Nicolas Barotte, « Trump-Poutine : face-à-face sur fond de crises », *Le Figaro*, 7 juillet 2017.
346. François d'Alançon, « L'Otan coincée entre Trump et Poutine », *La Croix*, 11 juillet 2018.
347. twitter.com/i/status/1351297926769872899
348. George Zornick, « Bernie Sanders Is a Russian Agent, and Other Things I Learned This Week », *The Nation*, 16 juin 2017 ; « Bernie Sanders briefed by U.S. officials that Russia is trying to help his presidential campaign », *The Washington Post*, 21 février 2020 ; Sydney Ember, « Russia Is Said to Be Interfering to Aid Sanders in Democratic Primaries », *The New York Times*, 26 février 2020.

Gabbard[349] sont tour à tour accusés d'être « *préférés des Russes* » voire d'être des « *espions russes* » par leur propre parti, afin de dégager la voie pour Joe Biden !

On constate également que l'affaire Navalny a mis l'Allemagne dans un embarras diplomatique à la fois vis-à-vis des Américains et des Russes. Or, non seulement nos politiciens sacrifient leurs valeurs à leurs préjugés, mais ils abandonnent la solidarité européenne pour appuyer la politique américaine !

En Europe, la problématique est plus complexe. On oublie souvent que les pays baltes ou l'Ukraine ont été brièvement « libérés » des Soviétiques par les nazis, et que la lutte armée contre l'URSS a été menée, jusque dans les années 1960, par des réseaux clandestins soutenus par l'OTAN[350], créés à partir des réseaux mis en place avec d'ex-Waffen-SS dès 1944. Ainsi, la 2e division SS « Das Reich », responsable du massacre d'Oradour-sur-Glane en France, est admirée en Ukraine où elle a « libéré » Kharkov[351]. Ceci explique que dans les pays baltes – les plus virulents contre la Russie – la désoviétisation s'est effectuée au détriment de la fraction russophone de leur population. En Lettonie et en Estonie, où les russophones représentent 20 à 25 % de la population, ils ont le statut de « *non-citoyens* » (en Lituanie, ils jouissent d'un statut plus libéral

---

349. Dan Merica, « Hillary Clinton suggests Russians are "grooming" Tulsi Gabbard for third-party run », *CNN*, 21 octobre 2019 ; Natalie Tabibian, « Could Tulsi Gabbard be a Russian Spy? », *milkenroar.com*, 12 novembre 2019 ; Tim Marcin, « Here's Exactly How Much Russian Media Loves Tulsi Gabbard – and Hates Biden », *Vice News*, 19 novembre 2019.
350. Cristina Maza, « Veterans of World War II-Era Nazi SS Special Forces March in Latvia As Europe Experiences Wave of Far-Right Nationalism », *Newsweek*, 19 mars 2018 ; Cnaan Liphshiz, « Jewish community protests after plaque honoring SS officer unveiled in Estonia », *The Times of Israel*, 30 juin 2018 ; Paul Kirby, « Lithuania monument for "Nazi collaborator" prompts diplomatic row », *BBC News*, 8 mai 2019.
351. Alec Luhn, « Preparing for War With Ukraine's Fascist Defenders of Freedom », *Foreign Policy*, 30 août 2014.

7. Conclusions

et ont accès à la nationalité lituanienne). La haine de la Russie, très largement attisée par les Occidentaux, va si loin que l'Ukraine exclut d'homologuer le vaccin russe Spoutnik V[352] et en est réduite à « *espérer* » en recevoir d'un autre pays ![353] Traitant mal leurs minorités russophones avec notre bénédiction, ces pays craignent que la Russie n'invoque la « *responsabilité de protéger* » (R2P), définie par les Nations unies, pour intervenir[354].

En fait, nous ne résolvons rien et nous érigeons des barrières supplémentaires, souvent injustifiées et stériles. Nos dirigeants sont pris en tenaille dans une multitude de problèmes complexes et souvent contradictoires : énergie nucléaire contre émissions carbone ; tentation humanitaire et problèmes liés à l'immigration ; liberté de culte et sécurité ; productivité et emplois ; souveraineté nationale et idéal européen ; lutte contre le terrorisme et droit international ; lutte contre le coronavirus et économie, etc. En Afghanistan, en Irak, en Libye, en Syrie ou au Mali, nos guerres sans but sont devenues des échecs sans fin. La crise de la Covid est l'exemple le plus récent et le plus frappant de mesures prises sans stratégie, davantage fondées sur l'émotion que sur la raison, où les explications – des mêmes experts – changent de jour en jour.

Notre regard et notre jugement sur la Russie souffrent d'un manque total de culture et de connaissances, qui ouvre la porte aux préjugés grossiers, comme en témoignent les propos d'Alain Bauer sur *France 5* quant à l'attitude de la Russie face à l'Union européenne :

> *La vision qu'a Moscou de l'Europe, depuis la chute du mur [de Berlin] qui n'a pas été la fin de l'Union Soviétique, mais sa*

---

352. « Ukraine formally bans registration of Russian COVID-19 vaccines », *Reuters*, 10 février 2021.
353. Natalia Zinets, « Ukraine hopes to get some COVID-19 vaccines from other states », *Reuters*, 8 février 2021.
354. www.un.org/en/genocideprevention/about-responsibility-to-protect.shtml

rétractation autour de son noyau dur russe, c'est : [...] on a essayé de travailler avec vous, vous êtes mous, vous avez tenté de nous piller, vous n'existez pas, donc pour nous vous n'êtes même pas représentatifs de rien, vous n'êtes une serpillère et rien de plus [...], et sur le fond nous nous autorisons tout ce qui est autorisé jusqu'au moment où vous nous exprimerez une puissance réelle [...].[355]

Ainsi, nous avons simplement remplacé dans nos esprits le mot « URSS » par « Russie ». C'est une vision simpliste de l'Histoire et une méconnaissance profonde de la Russie, de l'URSS, de leurs dirigeants respectifs et de leurs doctrines, ainsi que de l'esprit de la population russe, dont la confiance en son gouvernement est très supérieure à celle des Français.

Le vrai défi de l'avenir sera l'importance croissante de l'Asie, au détriment de l'Occident. Depuis la fin de la guerre froide, la Russie est demanderesse d'un rapprochement avec l'Europe, c'est pourquoi elle s'est attachée aux mécanismes qui lient le continent eurasiatique, comme l'OSCE. Or, sous l'influence des États-Unis qui ne veulent ni d'une Europe forte, ni d'une Russie forte, nous avons creusé le fossé. Actuellement, nous ne faisons que pousser la Russie dans les bras de la Chine, comme le prédisait Dostoïevski en 1881 déjà : « *Il est temps de se détourner de cette Europe ingrate. Notre avenir est en Asie.* »[356]

Nous menons les relations internationales en nous fondant plus sur des préjugés que sur des faits. Pour rétablir une perception plus équilibrée des événements, la déconstruction des fausses nouvelles et des « complotismes » est nécessaire et les *fact-checkers*

---

355. Alain Bauer, dans l'émission « C dans l'air » du 10 février 2021, (« Poutine met l'Europe à cran #cdanslair 10.02.2021 », *France 5/YouTube*, 11 février 2021) (08'40").
356. *The Complete Works of Fyodor Dostoyevsky: Novels, Short Stories and Autobiographical Writings (Unabridged)*, e-artnow, 24 mai 2015.

7. Conclusions

pourraient y avoir un rôle déterminant. Le problème est que ceux qui se sont donné ce rôle, le font de manière partisane et sans méthodologie claire. Par exemple, *Conspiracy Watch* n'utilise pas de définition rigoureuse du conspirationnisme, en mélangeant par exemple les notions de « *croyance* » et de « *complotisme* », ce qui conduit parfois à dénoncer des complotismes qui n'en sont pas, en ne tenant compte que des informations qui soutiennent ses accusations et en excluant les autres[357]. Au lieu d'analyser de manière objective les faits, on leur substitue une construction, qui n'est rien d'autre qu'une forme de complotisme, même si elle est l'opinion dominante. Car la machination que l'on *attribue* au gouvernement russe pour éliminer Navalny est effectivement... un complot ! *Quis custodiet ipsos custodes ?*

Nous tirerons le mot de la fin d'un document de l'*Integrity Initiative* britannique de juin 2018 sur la manière de lutter contre la désinformation russe, qui devrait inspirer les médias cités dans cet ouvrage et leur rappeler l'existence de la Charte de déontologie de Munich[358] :

> *Un autre obstacle à la lutte contre la désinformation est le fait que certains récits soutenus par le Kremlin sont factuellement vrais [...]. Répondre à des vérités qui dérangent, par opposition à la propagande pure, est naturellement plus problématique.*[359]

---

357. Antoine Hasday, *op. cit.*
358. Ou Déclaration des devoirs et des droits des journalistes, 24 novembre 1971.
359. *Upskilling to Upscale: Unleashing the Capacity of Civil Society to Counter Disinformation*, Final Report, juin 2018, p. 55 (paragraphe 5.3).

8. Annexes

1. Rapport des médecins de l'hôpital de la Charité à Berlin, publié dans la revue médicale *The Lancet*, le 22 décembre 2020

2. Annexe au rapport des médecins de l'hôpital de la Charité à Berlin, publié dans la revue médicale *The Lancet*, le 22 décembre 2020

3. Résumé du rapport de l'OIAC sur les activités menées à l'appui d'une demande d'assistance technique de l'Allemagne (*Summary of the Report on Activities Carried out in Support of a Request for Technical Assistance by Germany* (*Technical Assistance Visit* – TAV/01/20), Note By The Technical Secretariat, OPCW, 6 octobre 2020 (S/1906/2020))

4. Extrait du rapport classifié du laboratoire suédois

5. Message de soutien aux manifestants du 23 janvier 2021 par Ned Price, porte-parole du département d'État américain

Case Report ▮

Novichok nerve agent poisoning

David Steindl, Wolfgang Boehmerle, Roland Körner, Damaris Praeger, Marcel Haug, Jens Nee, Adrian Schreiber, Franziska Scheibe, Katharina Dernin, Philipp Jacoby, Rudolf Tauber, Sven Hartwig, Matthias Endres, Kai-Uwe Eckardt

On Aug 20, 2020, a 44-year-old man who was previously healthy suddenly became confused and began to sweat heavily on a domestic flight in Russia approximately 10 min after departure; he vomited, collapsed, and lost consciousness. After an emergency landing, the man was admitted to the toxicology unit of a local hospital in Omsk, Russia, approximately 2 h after symptom onset. According to the discharge report, the patient presented comatose with hypersalivation and increased diaphoresis and was diagnosed to have respiratory failure, myoclonic status, disturbed carbohydrate metabolism, electrolyte disorders, and metabolic encephalopathy. Therapeutic measures included intubation, mechanical ventilation, and unspecified drugs for symptom control and neuroprotection. On Aug 22, 2020, the patient was transferred by a German air ambulance to the Charité-Universitätsmedizin Berlin at the request of his family. Severe poisoning with a cholinesterase inhibitor was subsequently diagnosed. 2 weeks later, the German Government announced that a laboratory of the German armed forces designated by the Organization for the Prohibition of Chemical Weapons (OPCW) had identified an organophosphorus nerve agent from the novichok group in blood samples collected immediately after the patient's admission to Charité,[1] a finding that was subsequently confirmed by the OPCW.[2] Here, we report clinical details of this case.

Clinical course

Approximately 31 h after symptom onset, a doctor from the German air ambulance crew had temporary access to the patient and recorded bradycardia (44 beats per min [bpm]), hypothermia (34·4°C), wide pupils non-reactive to light, and intermittent myoclonus under sedation with propofol, the only obvious drug given at that time. Peripheral oxygen saturation was 100% while the patient was on pressure-regulated volume control ventilation with low positive end-expiratory pressure and a fractional concentration of oxygen in inspired air (FiO₂) of 30%. 16 h later, when the patient was handed over to the German air ambulance crew for transportation to Berlin, his condition had slightly improved (pupils constricted, heart rate 59 bpm). Propofol was again the only drug administered at that time.

During subsequent airborne transport in an EpiShuttle isolation system (EpiGuard, Oslo, Norway), the patient received propofol, fentanyl, and crystalloids and continued to be ventilated with 30% FiO₂. On arrival at an intensive care unit at Charité, approximately 55 h after symptom onset, the patient was deeply comatose, with mild bradycardia (51 bpm, subsequently declining to 33 bpm), hypersalivation, hypothermia (33·5°C), increased diaphoresis and small pupils not reactive to light, decreased brainstem reflexes, hyperactive deep tendon reflexes, and pyramidal signs. Laboratory analyses showed substantially decreased levels in plasma of butyrylcholinesterase (also called pseudocholinesterase) and increased levels of amylase, lipase, high-sensitivity troponin T, and sodium in plasma (appendix p 1). Based on clinical and laboratory findings, severe cholinesterase inhibition was diagnosed and the patient was started on atropine and obidoxime (250 mg bolus followed by continuous administration of 750 mg per day). Cholinergic signs returned to normal within 1 h after the onset of this antidotal therapy. Analgo-sedation with sufentanil and propofol was supplemented with midazolam for neuroprotection.[3]

Toxicological analysis and drug screening in blood and urine samples obtained on admission to the intensive care unit at Charité identified several drugs, including atropine, which we attributed to the previous treatment the patient had received in the intensive care unit in Omsk before the medical transfer to Germany (appendix p 2). Testing for cholinesterase status[4] in a specialised external laboratory showed complete inhibition of acetylcholinesterase in red blood cells, thereby confirming the exposure to a cholinesterase inhibitor, and no evidence for reactivation by obidoxime or free unbound cholinesterase inhibitor in plasma (appendix p 3). Accordingly, obidoxime was stopped after 1 day.[5] Atropine was continued for 10 days and titrated to suppress cholinergic symptoms (figure 1). On day 5, the patient developed a fever that was treated with external cooling for 9 days and subsequently with antipyretic therapy using pethidine, metamizole, and paracetamol. Intermittent myoclonic muscular contractions, predominately of the thoracic and abdominal muscles, responded poorly to atropine and increased sedation and persisted for up to 15 days.

Cranial CT and MRI scans, analysis of cerebrospinal fluid, short-latency somatosensory evoked potentials, and plasma neuron-specific enolase concentration on day 4 were all within normal ranges, and an electro-encephalogram was consistent with sedation. Electrophysiological examinations showed the specific kind of dysfunction of neuromuscular transmission that is typical for cholinesterase inhibition. Repetitive responses were noted after a single supramaximal electrical stimulus (figure 2A). Repeated nerve stimulation showed a decrement-increment response pattern at frequencies of 10 Hz or greater, which was more pronounced at higher stimulation frequencies (figure 2B, 2C), consistent with blockade of neuromuscular transmission caused by depolarisation.[6] Stimulated single-fibre electromyography showed prolonged variation in the time between action potentials of the same motor unit, which is called jitter

Published Online
December 22, 2020
https://doi.org/10.1016/
S0140-6736(20)32644-1

See Online/Comment
https://doi.org/10.1016/
S0140-6736(20)32749-5

Department of Nephrology and Medical Intensive Care (D Steindl MD, R Körner MD, J Nee MD, A Schreiber MD, Prof K-U Eckardt MD), Department of Neurology (W Boehmerle MD, F Scheibe MD, K Dernin Dr rer medic, Prof M Endres MD), Department of Cardiology and Angiology (D Praeger MD, M Haug MD), Institute of Legal Medicine and Forensic Sciences (S Hartwig MD), and Institute of Laboratory Medicine, Clinical Chemistry and Pathobiochemistry (Prof R Tauber MD), Charité-Universitätsmedizin Berlin, Berlin, Germany; Flight Ambulance International, Nürnberg, Germany (P Jacoby MD); Labor Berlin Charité Vivantes GmbH, Berlin, Germany (Prof R Tauber)

Correspondence to:
Prof Kai-Uwe Eckardt,
Department of Nephrology and Medical Intensive Care,
Charité-Universitätsmedizin Berlin, 10117 Berlin, Germany
nephro-intensiv@charite.de

See Online for appendix

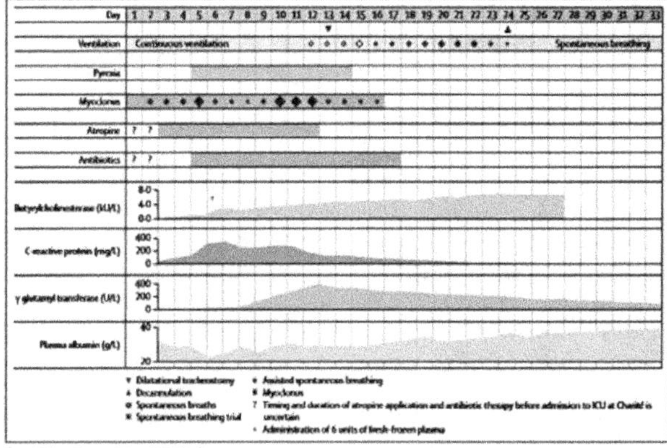

Figure 1: Schematic presentation of the clinical course
Figure shows selected clinical findings, treatment aspects, and laboratory values during the patient's stay in intensive care (days 1–25) and on a regular hospital ward (days 26–33). Symbol sizes provide a semiquantitative estimate. Trends of laboratory findings recorded at Charité are displayed as area charts; values are provided in the appendix (p 4).

(figure 2D). These findings improved continuously within the next 7 days (figure 2A, 2C, 2D).

During the period in the intensive care unit at Charité, the patient temporarily showed signs of systemic inflammation and increases in liver enzymes (figure 1; appendix p 4). Activity of butyrylcholinesterase in plasma started to increase on day 4 but plateaued on day 6 at levels below normal, which prompted us to administer 6 units of fresh-frozen plasma; this transfusion led to a pronounced increase in activity with no subsequent decline, thus excluding consumption of butyrylcholinesterase by unbound inhibitory nerve agent in blood, consistent with findings of in vitro testing (appendix p 3). On day 10, the spontaneous increase in plasma butyrylcholinesterase activity resumed, and values within the normal range were reached on day 20 (appendix p 4). By comparison, activity of acetylcholinesterase in red blood cells recovered more slowly and only partly until day 21 (appendix p 3). The patient's haemoglobin concentration dropped from 12·2 g/dL to 7·5 g/dL and recovered after intravenous iron and oral folate supplementation.

In skin swabs obtained on admission to the intensive care unit at Charité, we noted colonisation with five different multidrug-resistant bacteria: *Staphylococcus aureus*, *Acinetobacter baumannii* complex, *Pseudomonas aeruginosa*, *Escherichia coli*, and *Klebsiella pneumoniae*. Microbial characterisation of subsequent rectal swabs and urine samples showed two different variants of *K pneumoniae*. Based on these findings, we used antibiotics very reluctantly. A urinary tract infection with *K pneumoniae* was treated with co-trimoxazole, and a possible bloodstream infection with *Staphylococcus epidermidis* was treated with a 4-day course of vancomycin. CT on admission and plain chest radiography on days 3, 5, 9, 10, and 13 showed no clear signs of pulmonary infiltration. Because of purulent bronchoalveolar fluid in conjunction with increased levels of C-reactive protein, the patient received colistin inhalations for 9 days, subsequently tapered to prophylactic doses.

During the patient's stay in intensive care at Charité, gas exchange was never severely impaired. FIO$_2$ was usually below 40%, except on day 9, when it was temporarily increased to 50%. We did a percutaneous dilatational tracheostomy on day 13 in anticipation of complicated weaning. On day 12, the patient started to breathe spontaneously (figure 1) and could subsequently be weaned from mechanical ventilation completely by day 24. He gradually recovered from a delirium and was mobilised and transferred to a regular hospital ward on day 26. At discharge on day 33, a neurological examination showed enhanced physiological tremor and hyperactive deep tendon reflexes but neither pyramidal signs nor evidence of polyneuropathy. Neuropsychological testing performed in Russian, the patient's native language, showed subtle

www.thelancet.com Published online December 22, 2020 https://doi.org/10.1016/S0140-6736(20)32644-1

2

131

impairments in processing speed and verbal fluency, which had completely resolved 3 weeks later. At the last follow-up visit on day 55 we found near-complete recovery of neurological, neuropsychological, and neurophysiological findings without evidence of polyneuropathy.

Discussion

Novichoks are a group of nerve agents developed in the former Soviet Union in the 1980s.[7] Five recent cases of novichok poisoning, including one fatal, have been reported in the UK.[1,8] However, up to now, no clinical details have been published.

Identification of an individual organophosphorus compound is a complex and time-consuming process.[9] In fact, ascertaining the involvement of a novichok agent and its biotransformation products in this case was only achieved several days after establishing the diagnosis of cholinesterase inhibitor poisoning and did not affect therapeutic decisions.

Organophosphorus nerve agents exert the same mechanism of action as do organophosphorus pesticides (ie, inhibition of acetylcholinesterase) and clinical management is largely based on experience with organophosphorus pesticide poisonings, which still pose a major health burden in southeast Asia, with more than 100000 deaths per year.[10] Clinical diagnosis of organophosphorus poisoning should be straightforward. The range of findings caused by overstimulation of muscarinic and nicotinic receptors seen in our patient was in line with published literature: miosis, conjunctival injection, hypersalivation, diaphoresis, bradycardia, and elevation of plasma lipase and amylase, which are attributed to pancreatic and salivary gland stimulation, hyperactive deep tendon reflexes, pyramidal signs, and prolonged muscular hyperactivity.[11] Moreover, we observed typical pathological changes in electrophysiology and single-fibre electromyography studies.[12,13] After normalisation of neuromuscular transmission, the patient started to breathe spontaneously on day 12.

Tests for butyrylcholinesterase activity, which are primarily used as a liver function test, are widely available in clinical routine practice and are usually the only laboratory parameter to confirm a clinical diagnosis of organophosphorus poisoning. The cholinesterase status provides additional important information for therapeutic decisions, such as the presence of unbound acetylcholinesterase inhibitor in patient's plasma and the possibility to reactivate organophosphorus–acetylcholinesterase conjugates with a particular oxime (appendix p 3).[9] In fact, absence of inhibitory activity in our patient's plasma in conjunction with inability to reactivate acetylcholinesterase in red blood cells prompted early termination of obidoxime. Consistent with findings of experimental and clinical studies, sufficient muscle function enabling spontaneous breathing on day 21 correlated with approximately 30% activity of acetylcholinesterase in red blood cells (figure 1; appendix p 3).[14]

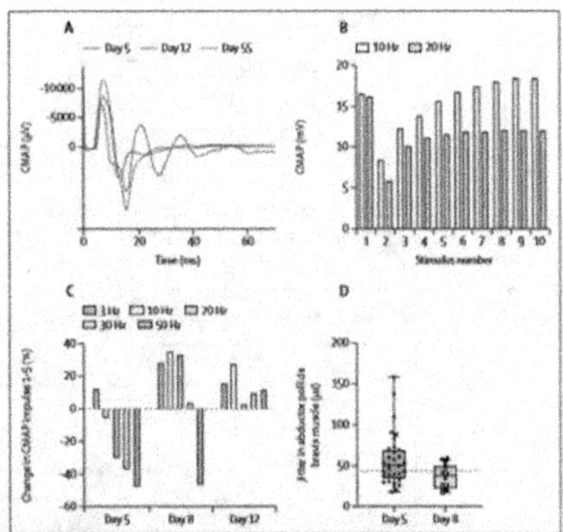

Figure 2: Selection of key electrophysiological findings in the abductor pollicis brevis muscle
(A) Repetitive responses were noted after a single supramaximal electrical stimulus, which disappeared at follow up. On day 55, normalised CMAP was seen. (B) Repetitive nerve stimulation of the median nerve on day 5 showed a decrement-increment pattern at frequencies ≥10 Hz, which was more pronounced at higher stimulation frequencies; (C) this finding continuously improved within the next 7 days. (D) Stimulated single-fibre electromyography with concentric needles showed increased jitter; line shows median, boxes the IQR, and error bars the range; dashed line represents upper limit of normal for individual jitter values. CMAP=compound motor action potential.

Additional findings with less clear pathophysiology have previously been described in organophosphorus poisoning. Among these was a refractory disturbance of thermoregulation with initial hypothermia followed by fever. Hypothermia during the early course might, in part, have been caused by increased diaphoresis, whereas side-effects of atropine, infectious complications, and unknown factors are considered to cause subsequent fever.[11] We also recorded a transient rise of troponin in conjunction with repolarisation disturbances on electrocardiogram in the presence of normal echocardiography, consistent with cardiotoxicity of nerve agents.[15] Signs of hepatic injury with increases of aminotransferases and γ glutamyl transferase have also previously been reported[8,9] and, in part, been attributed to obidoxime,[16] which our patient received for less than 24 h. An unexplained finding seen in this case was pronounced transient hypoalbuminaemia, which could not be attributed to enteric or renal loss or impaired liver function.

Our patient had a very favourable outcome. Presumably, intubation and mechanical ventilation within 2–3 h of symptom onset and absence of preceding severe hypoxia were decisive. Onset and duration of atropine therapy during the first 2 days remain unclear.

Fortunately, despite a high risk for aspiration during the initial period of unconsciousness, and colonisation with several multidrug-resistant bacteria, the patient did not develop severe infection. His good health status before the poisoning probably favoured his recovery.

Contributors
DS and K-UE wrote the first draft of the report, coordinated internal revision, and prepared the submitted version. All authors contributed to data collection, data analysis, and data interpretation. RK, DP, MH, JN, AS and PJ were responsible for defined periods of treatment. WR, PS, and MF performed neurological and neurophysiological assessments. KD and ME did neuropsychological assessments. RT was responsible for clinical chemistry. SH did toxicological analyses. All authors vouch for accuracy of the data. DS and K-UE had unlimited access to all clinical data and reports.

Declaration of interests
We declare no competing interests.

Acknowledgments
This report was prepared using internal resources without specific funding. We gratefully acknowledge the support from many colleagues in the assessment and interdisciplinary management of this case, including members of the Bundeswehr Institute of Pharmacology and Toxicology in Munich, Germany, who did repetitive measurements of butyrylcholinesterase, acetylcholinesterase in red blood cells, and cholinesterase status and gave toxicological advice.

References
1 Seibert S. Statement by the Federal Government on the Navalny case. Sept 2, 2020. https://www.bundeskanzlerin.de/bkin-en/homepage/statement-by-the-federal-government-on-the-navalny-case-1781882 (accessed Dec 3, 2020).
2 OPCW Technical Secretariat. Summary of the report on activities carried out in support of a request for technical assistance by Germany (technical assistance visit—TAV/01/20). Oct 6, 2020. https://www.opcw.org/sites/default/files/documents/2020/10/s-1906-2020%28e%29.pdf (accessed Dec 3, 2020).
3 Hulse EJ, Haslam JD, Emmett SR, Woolley T. Organophosphorus nerve agent poisoning: managing the poisoned patient. Br J Anaesth 2019; 123: 457–63.
4 Thiermann H, Mast U, Klimmek R, et al. Cholinesterase status, pharmacokinetics and laboratory findings during obidoxime therapy in organophosphate poisoned patients. Hum Exp Toxicol 1997; 16: 473–80.
5 Amend N, Langgartner J, Siegert M, et al. A case report of cholinesterase inhibitor poisoning: cholinesterase activities and analytical methods for diagnosis and clinical decision making. Arch Toxicol 2020; 94: 2239–47.
6 Maselli RA, Leung C. Analysis of neuromuscular transmission failure induced by anticholinesterases. Ann N Y Acad Sci 1993; 681: 402–04.
7 Vale JA, Marrs TC, Maynard RL. Novichok: a murderous nerve agent attack in the UK. Clin Toxicol 2018; 56: 1093–97.
8 OPCW Technical Secretariat. Summary of the report on activities carried out in support of a request for technical assistance by the United Kingdom of Great Britain and Northern Ireland (technical assistance visit TAV/01/18 and TAV/03B/18 "Amesbury incident"). Sept 4, 2018. https://www.opcw.org/sites/default/files/documents/2018/09/s-1671-2018%28e%29.pdf (accessed Dec 3, 2020).
9 John H, van der Schans MJ, Koller M, et al. Fatal sarin poisoning in Syria 2013: forensic verification within an international laboratory network. Forensic Toxicol 2018; 36: 61–71.
10 Mew EJ, Padmanathan P, Konradsen F, et al. The global burden of fatal self-poisoning with pesticides 2006–15: systematic review. J Affect Disord 2017; 219: 93–104.
11 Grob D. The manifestations and treatment of poisoning due to nerve gas and other organic phosphate anticholinesterase compounds. AMA Arch Intern Med 1956; 98: 221–39.
12 Besser R, Gutmann L, Dillmann U, Weilemann LS, Hopf HC. End-plate dysfunction in acute organophosphate intoxication. Neurology 1989; 39: 561–67.
13 Thiermann H, Zilker T, Eyer F, Felgenhauer N, Eyer P, Worek F. Monitoring of neuromuscular transmission in organophosphate pesticide-poisoned patients. Toxicol Lett 2009; 191: 297–304.
14 Thiermann H, Eyer P, Worek F. Muscle force and acetylcholinesterase activity in mouse hemidiaphragms exposed to paraoxon and treated by oximes in vitro. Toxicology 2010; 272: 46–51.
15 Moffatt A, Mohammed F, Eddleston M, Azher S, Eyer P, Buckley NA. Hypothermia and fever after organophosphorus poisoning in humans: a prospective case series. J Med Toxicol 2010; 6: 379–85.
16 Cha YS, Kim H, Go J, et al. Features of myocardial injury in severe organophosphate poisoning. Clin Toxicol 2014; 52: 873–79.
17 Yu S, Yu S, Zhang L, et al. Efficacy and outcomes of lipid resuscitation on organophosphate poisoning patients: a systematic review and meta-analysis. Am J Emerg Med 2019; 37: 1611–17.
18 Eyer F, Worek F, Eyer P, et al. Obidoxime in acute organophosphate poisoning: 1—clinical effectiveness. Clin Toxicol 2009; 47: 798–806.

8. Annexes

THE LANCET

Supplementary appendix

This appendix formed part of the original submission and has been peer reviewed. We post it as supplied by the authors.

Supplement to: Steindl D, Boehmerle W, Körner R, et al. Novichok nerve agent poisoning. *Lancet* 2020; published online Dec 22. http://dx.doi.org/10.1016/S0140-6736(20)32644-1.

Parameter	Value	Reference range	Unit
Glucose	95	74-106	mg/dL
C-peptide	2·05	1·10-4·40	µg/L
Insulin	3·66	2·60-24·80	mU/L
TSH	1·60	0·27-4·20	mU/L
Plasma sodium	**154**	136-145	mmol/L
Plasma potassium	4·2	3·5-4·5	mmol/L
Plasma chloride	**120**	98-107	mmol/L
Plasma calcium	2·21	2·15-2·50	mmol/L
Creatinine	0·91	0·70-1·20	mg/dL
Cystatin c	0·98	0·47-1·09	mg/L
eGFR cystatin	87·6		mL/min
Urea	40	17-48	mg/dL
Creatine kinase	169	<190	U/L
Creatine kinase-MB	**49·7**	<24·0	U/L
High-sensitivity troponin T	**16**	<14	ng/L
Myoglobin	**462**	28-72	µg/L
Bilirubin	0·26	<1·20	mg/dL
Alanine aminotransferase	18	<41	U/L
Alkaline phosphatase	70	40-130	U/L
Gamma glutamyl transferase	16	8-61	U/L
Albumin	**31·9**	35·0-52·0	g/L
Butyryl cholinesterase	**0·42**	5·32-12·92	kU/L
Lactate dehydrogenase	**261**	135-250	U/L
Amylase	**385**	28-100	U/L
Lipase	**111**	13-60	U/L
C-reactive protein	**47·8**	<5·0	mg/L
Procalcitonin	0·32	<0·5	µg/L
Total leukocytes	**16·56**	3·9-10·5	/nL
Neutrophils	**14·29**	1·50-7·70	/nL
Erythrocytes	**4·0**	4·3-5·8	/pL
Haemoglobin	**12·2**	13·5-17·0	g/dL
Haematocrit	**0·351**	0·395-0·505	1/1
Platelets	273	150-370	/nL
INR	1·24	0·9-1·25	
aPTT	36·3	26·0-40·0	s
Urinary protein/creatinine ratio	**295**	<140	mg/g
Urinary albumin/creatinine ratio	**25**	<20	mg/g

Appendix S1: Laboratory values on admission.

8. Annexes

Substance	Urine	Blood
Fentanyl	positive	positive
Sufentanil	positive	positive
Morphine	positive	negative
Ofloxacin	positive	negative
Levofloxacin	positive	positive
Atropine	positive	negative
Gabapentin	positive	negative
Urapidil	positive	negative
Amantadine	positive	negative
Pilocarpine	positive	negative
Lithium	not performed	positive
Rocuronium	positive	negative
Alcohol	not performed	negative
Diazepam	negative	positive
Nordazepam	positive	positive
Oxazepam	positive	negative
Temazepam	positive	positive
Gamma-hydroxybutyrate	negative	not performed
Pentobarbital	negative	positive
Thiopental	negative	positive

Appendix S2: Results of local toxicology and medication tests in blood and urine samples obtained on arrival of the patient at Charité – Universitätsmedizin Berlin (day 3). A hair sample obtained on day 4 confirmed the presence of several of the compounds detected in blood and urine and, in addition, revealed the presence of Tropicamide. Results of toxicology analyses conducted in a special laboratory of the armed forces are not included.

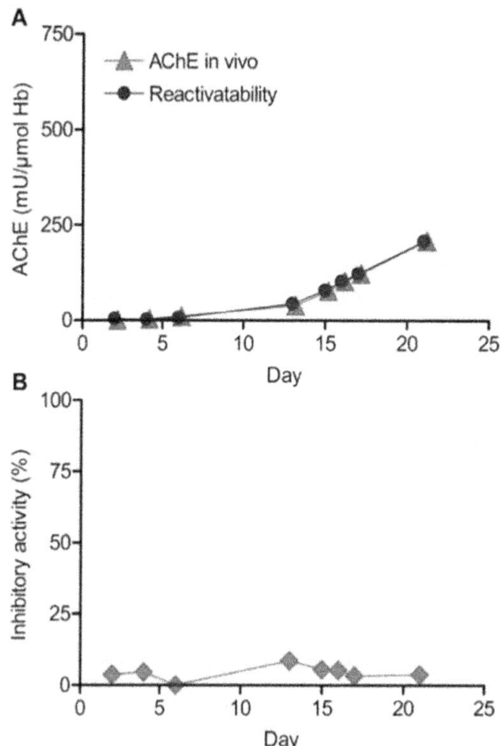

Appendix S3. Repetitive determination of the cholinesterase status in patient blood.[4] The timeline is given in days after the supposed poisoning of the patient. (A) RBC-AChE activity in whole blood dilutions (AChE in vivo) and after incubation of whole blood dilutions with 100 μM obidoxime ex vivo (reactivatability). (B) The presence of a cholinesterase inhibitor was determined by incubation of patient plasma with test AChE (inhibitory activity)

Parameter	Unit	Reference range	Days																												
			3	4	5	6	7	8	9	10	11	12	13	14	15	16	17	18	19	20	21	22	23	24	25	26	28	30	33	42
Creatine kinase	U/L	<190	169	939	442	131	48	44	36	47	89	73	126	75	135	129	88	67	40	31	–	–	–	–	–	–	33	–	22	33
High-sensitivity troponin T	ng/L	<14	16	29	21	15	10	9	–	9	12	9	–	12	15	11	12	15	18	16	16	–	–	–	–	–	–	–	–	–
Alanine aminotransferase	U/L	<41	18	22	18	15	16	22	35	40	49	48	52	44	37	46	53	80	80	97	83	–	56	50	38	36	29	25	21	19
Alkaline phosphatase	U/L	40-130	70	59	56	60	95	180	197	238	270	180	166	160	143	133	111	111	107	111	107	–	90	90	87	93	92	87	–	76
Gamma glutamyl transferase	U/L	8-61	16	16	17	28	43	135	239	321	410	349	347	297	285	276	254	235	228	221	189	–	162	168	143	147	121	120	93	59
Albumin	g/L	35·0-52·0	31·9	29·0	29·2	23·3	25·2	29·1	25·4	29·3	30·8	29·2	29·4	29·6	29·1	–	–	32·8	34·9	32·1	–	–	34·7	37·2	34·5	37·1	37·6	–	39·4	47·3
Butyryl cholinesterase	kU/L	5·32-12·92	0·41	0·71	1·34	1·20	2·97	2·93	2·74	3·21	3·59	3·75	4·09	4·32	4·57	4·88	4·76	5·22	5·28	5·45	5·49	5·23	5·94	6·32	6·03	6·80	7·06	–	6·80	–
Lipase	U/L	13-60	111	44	19	11	16	31	–	43	44	41	33	37	40	127	148	176	121	172	–	189	–	113	–	–	–	–	–	–
C-reactive protein	mg/L	<5·0	48	95	138	324	353	255	252	293	278	182	134	129	116	89	85	69	57	49	33	20	15	12	7	5	4	1	1	<0·6
Procalcitonin	µg/L	<0·5	0·32	0·28	0·20	2·77	3·95	2·53	1·64	1·14	0·76	0·59	0·51	0·37	0·25	0·17	0·17	0·15	0·16	0·14	0·10	0·07	0·05	0·04	0·04	0·03	–	–	–	–
Total leukocytes	/nL	3·9-10·5	16·6	6·95	5·15	9·43	10·3	9·03	11·1	10·9	11·1	9·54	9·57	11·9	12·7	13·4	9·2	10·1	10·9	8·98	8·43	7·38	7·34	8·02	6·84	6·89	6·97	6·71	7·46	5·6
Haemoglobin	g/dL	13·5-17·0	12·2	11·9	11·2	10·0	9·9	8·0	8·0	8·2	8·4	8·1	7·9	8·1	7·7	7·7	7·5	8·6	8·8	8·7	8·8	8·5	9·3	9·3	9·2	10·8	11·2	11·4	11·8	12·9
Platelets	/nL	150-370	273	273	189	181	196	177	206	264	334	395	450	536	576	621	661	755	821	763	782	714	774	733	651	716	659	533	435	322
Urinary protein/creatinine ratio	mg/g	<140	295	–	–	–	–	337	422	–	–	–	–	–	288	–	–	–	–	–	–	–	–	–	–	–	–	–	–	72
Urinary albumin/creatinine ratio	mg/g	<20	25	–	–	–	–	21	16	–	–	–	–	–	15	–	–	–	–	–	–	–	–	–	–	–	–	–	–	9

Appendix S4: Laboratory findings during the ICU stay at Charité (days 3-25), the subsequent stay on a regular hospital ward (days 26-33) and a subsequent visit as an outpatient.

OPCW   **Technical Secretariat**

S/1906/2020
6 October 2020
Original: ENGLISH

NOTE BY THE TECHNICAL SECRETARIAT

SUMMARY OF THE REPORT ON ACTIVITIES CARRIED OUT IN SUPPORT OF A REQUEST FOR TECHNICAL ASSISTANCE BY GERMANY (TECHNICAL ASSISTANCE VISIT – TAV/01/20)

1. The Government of Germany, in a communication to the OPCW Director-General on 4 September 2020, requested technical assistance from the OPCW Technical Secretariat (hereinafter "the Secretariat") under subparagraph 38(e) of Article VIII of the Chemical Weapons Convention (hereinafter the "Convention") in relation to the suspected poisoning of a Russian citizen, Mr Alexei Navalny, on 20 August 2020 in the Russian Federation. The German authorities informed the OPCW that Mr Navalny was being treated in a hospital in Berlin, Germany. The Director-General decided to dispatch a team to Germany for a technical assistance visit (TAV).

2. The TAV team deployed to Germany on 5 September 2020 and was briefed by the German authorities on the same day. The team was informed that the mission was restricted to the collection of biomedical samples from Mr Navalny. No other information was shared by the German authorities.

3. On 6 September 2020, the TAV team visited the Charité Hospital in Berlin. In the hospital's intensive care unit, the TAV team members confirmed Mr Navalny's identity against a photo-identification document presented to the team by the German authorities. In line with OPCW procedures, blood and urine sampling was conducted by the hospital staff under the direct supervision and continuous visual observation of the team members. The samples were maintained under OPCW chain of custody and transported to the OPCW Laboratory.

4. Upon receipt of a request from Germany on 11 September 2020, the OPCW Laboratory sent the samples to two laboratories designated by the Director-General for the analysis of biomedical samples.

5. The results of the analysis of biomedical samples conducted by the OPCW designated laboratories demonstrate that Mr Navalny was exposed to a toxic chemical acting as a cholinesterase inhibitor. The biomarkers of the cholinesterase inhibitor found in Mr Navalny's blood and urine samples have similar structural characteristics to the toxic chemicals belonging to schedules 1.A.14 and 1.A.15, which were added to the Annex on Chemicals to the Convention at the Twenty-Fourth Session of the Conference of the States Parties in November 2019. This cholinesterase inhibitor is not listed in the Annex on Chemicals to the Convention.

6. The biomarkers identified are contained in the classified report of the Secretariat.

- - - o - - -

CS-2020-2628(E) distributed 06/10/2020

Annexe 4 – Rapport des analyses suédoises

<u>Collection of samples</u>

Two blood samples were collected from the patient on the 5th of September 2020, ▮▮▮▮▮▮▮.
The two blood samples were collected into one Vacuette® tube for plasma separation (2.5 ml LH
Lithium Heparin Separator, item No. 456010) and one Vacuette tube for serum separation (CAT
Serum Separator Clot Activator, item No. 456010). Both samples were sealed and stored cold until
sample preparation. ▮▮▮▮▮▮▮▮▮▮▮▮▮▮▮▮▮▮▮▮▮▮▮▮

Directly after centrifugation about 2 ml of plasma from the Heparine separator tube was transferred
to a new 15 ml centrifuge tube (Fisher Scientific). From the Serum Separator tube about 3 ml serum
was transferred to a new 15 ml centrifuge tube.

<u>Preparation and analysis of serum and plasma samples</u>

▮▮▮▮▮▮▮▮▮▮▮▮▮▮▮▮▮▮▮▮▮▮▮▮▮▮▮▮▮▮▮ The extracted butyrylcholinesterase (in 200 µl 5% formic acid
solution) was digested with pepsin (50 µl of a 2 mg/ml solution in 5% formic acid) at +37°C for 2
hours. The remaining peptides were centrifuged through 3kDa MW cutoff filters (20 minutes at 14
000 G).

The filtrate, about 200 µl, was transferred to new analysis vials. From the plasma sample filtrate
about 80 µl was dried under a gentle flow of nitrogen and then dissolved in 20 µl 5% formic acid
before analysis. The serum filtrate was analysed directly without further sample preparation.

▮▮▮▮▮▮▮▮▮▮▮▮▮▮▮▮▮▮▮▮▮▮▮▮▮▮▮▮▮▮▮

All samples were analysed by LC-MS/MS (MRM) on a Waters XevoXS coupled to an Acquity UHPLC.

▮▮▮▮▮▮▮▮▮▮▮▮▮▮▮▮▮▮▮▮▮▮▮▮▮▮▮▮▮▮▮

Chromatographic settings: Column used was a Waters Acquity BEH C18, 2.1x50 mm, 1.7 µm, column
temperature +30°C. Gradient elution with composition of A: 0.1% formic acid in water and B: 0.1 %
formic acid in acetonitrile. Gradient Flow rate 0.2 ml/min. 0-1 min 2% B, 1-10 min linear gradient 2-
50 % B, 10-10.1 min linear gradient 50-95 % B, 10.1-12 min 95 % B, 12-12.1 min 95-2 % B, 12.1-15
min 2 % B. Sample volume injected was 5 µl.

<u>Results:</u>

The presence ▮▮▮▮▮▮▮▮▮▮▮▮▮▮ was confirmed in the patient's blood ▮▮▮
▮▮▮▮▮▮▮▮▮▮▮▮▮▮▮▮▮▮▮▮▮▮▮▮▮▮▮▮▮▮▮

Source : https://twitter.com/mazzenilsson/
status/1314600936497704960/photo/1

Annexe 5 – Message de soutien du département d'État américain aux manifestants du 23 janvier 2021

U.S. DEPARTMENT OF STATE

Office of the Spokesperson

For Immediate Release

STATEMENT BY NED PRICE, SPOKESPERSON

January 23, 2021

Protests in Russia

The United States strongly condemns the use of harsh tactics against protesters and journalists this weekend in cities throughout Russia. Prior to today's events, the Russian government sought to suppress the rights to peaceful assembly and freedom of expression by harassing protest organizers, threatening social media platforms, and pre-emptively arresting potential participants. This follows years of tightening restrictions on and repressive actions against civil society, independent media, and the political opposition.

Continued efforts to suppress Russians' rights to peaceful assembly and freedom of expression, the arrest of opposition figure Aleksey Navalny, and the crackdown on protests that followed are troubling indications of further restrictions on civil society and fundamental freedoms. Russians' rights to peaceful assembly and to participate in free and fair elections are enshrined not only in the country's constitution, but also in Russia's OSCE commitments, the Universal Declaration of Human Rights, and in its international obligations under the International Covenant on Civil and Political Rights.

We call on Russian authorities to release all those detained for exercising their universal rights and for the immediate and unconditional release of Aleksey Navalny. We urge Russia to fully cooperate with the international community's investigation into the poisoning of Aleksey Navalny and credibly explain the use of a chemical weapon on its soil.

The United States will stand shoulder-to-shoulder with our allies and partners in defense of human rights whether in Russia or wherever they come under threat.

\# \# \#

Stay connected with the Office of Press Relations:

www.ingramcontent.com/pod-product-compliance
Lightning Source LLC
La Vergne TN
LVHW010214060726
842525LV00014B/3321